【自伝】

縁ありき

末《すえ》広《ひろ》未《み》来《き》

ペンネームは金子賢一様よりいただきました。

明日香出版社

本書は今から23年前に認《したた》めた私の自伝です。

この間、時代は「令和」の世となり、社会情勢はもとより、我が家の様子もすっかり変わってしまいました。しかし今読み返して、私の生きた証《あかし》としてこの一文を遺すことは意義あることのように思い、書いた当時のままの状態で書籍化したいとの思いが溢れてきました。

子供たち、孫たち、お世話になった多くの皆様にお読みいただければと思います。心からの感謝を込めて……。

はじめに

大正大学オープンカレッジを希望しました。講師岩田《いわた》扇《さやか》老師のご指導で自分史を書くことにしました。

きっかけはこうです。今年（２０００年）の四月から介護保険制度がスタートしました。我家では八十五歳になる姑が同居しています。元気にしていてくれますので助かるのですが、何分高齢ですので、細々《こまごま》と問題がでてきていたのですが、どうにか無事に過していました。最近では私の方が疲れてきて少し愚痴が多くなった気がしていたところ、大正大学で豊島区と共催のシンポジウム「スタートした介護保険」がありましたので、実情を知りたくてキャンパスに足を踏み入れた時、校内の掲示板で、この講座を目にしました。迷うことなく申込みました。「今日はなんていい日なんだ」と思いしばらくぶりにさわやかなはずんだ気分になったのを覚えています。

今日は平成十二年七月五日です。

「自分史を書こう」講座の二回目です。私の目の前には四百字詰原稿用紙が二枚しかありません。宿題をやってこなかったからです。

時間がなかった訳ではないのです。時間を作らなかったからです。私は大急ぎで今この場で何を書くか決めることにしました。

岩田老師のお話しを聞いて心が定まったからです。一応のラインを引くことにしました。

年代別に思いつくままをまとめてみることにしました。

一、生まれから小学校入学まで
（ここで両親のこともふれてみたい）

二、小学校時代

三、中学、高校時代

四、就職から結婚まで（独身時代）

五、子育ての時代

大正大学オープンカレッジの風景
岩田老師（背中）と私

A　子育て

B　家庭・夫とその家族

C　仕事

六、今の私

七、まだ見ぬ孫へのメッセージ

以上七つに区切って、一区切を講座一回分としてご指導いただこうと思いました。

一日に一枚位は書くということになると続ける自信がありませんので、書きたい時に書けるだけ書くことにします。ですが来年の一月十七日の終了の時に焦点をあて一講座ごとに一つの時代を完成させることをノルマにします。何とはなしに書けるような気がします。

さあ目標に向ってまっしぐら……。

縁ありき　目次

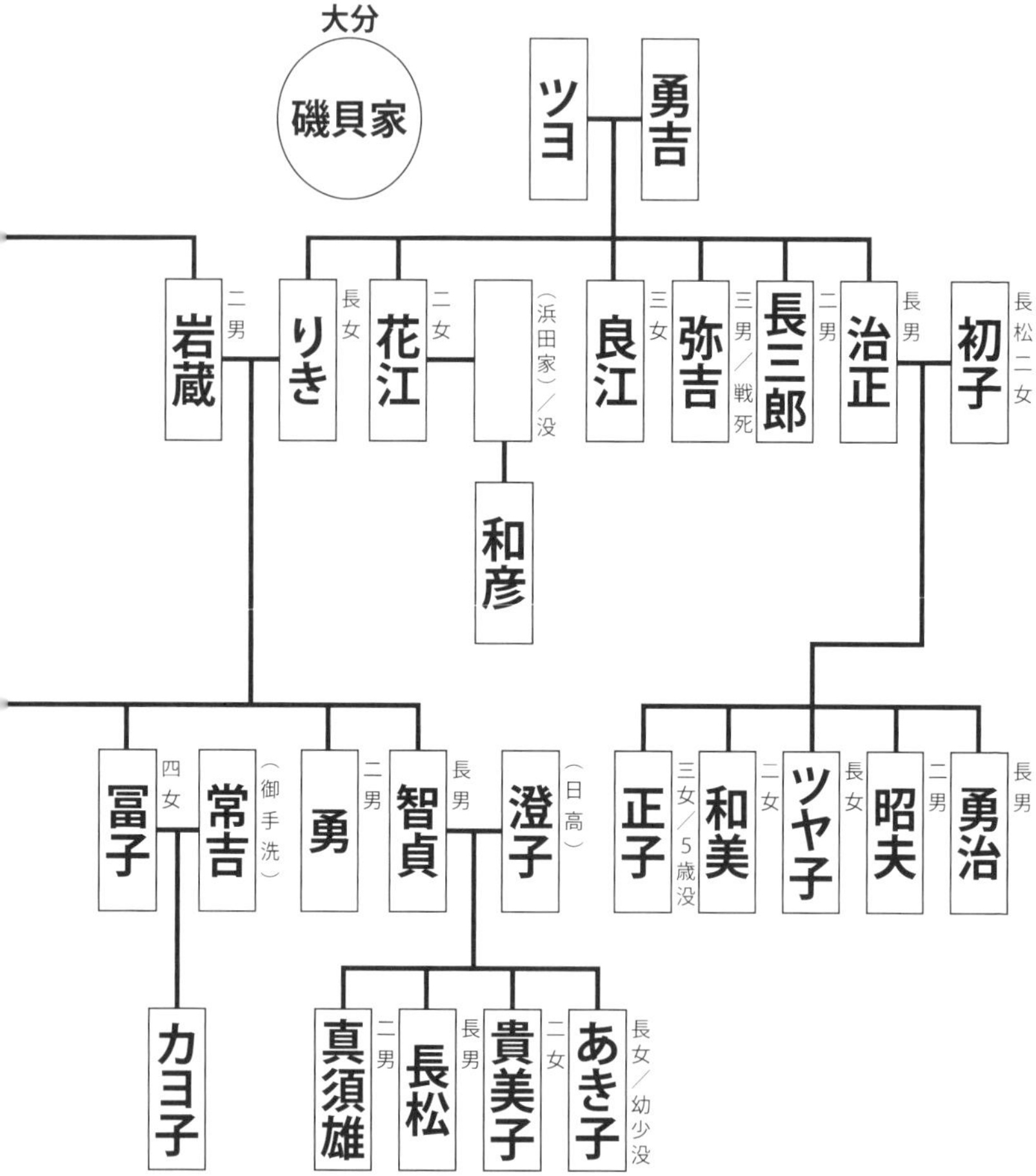
大分
磯貝家
ツヨ
勇吉
岩蔵
二男
りき
長女
花江
二女
（浜田家）／没
良江
三女
弥吉
三男／戦死
長三郎
二男
治正
長男
初子
長松二女
和彦
冨子
四女
常吉
（御手洗）
勇
二男
智貞
長男
澄子
（日高）
正子
三女／5歳没
和美
二女
ツヤ子
長女
昭夫
二男
勇治
長男
カヨ子
真須雄
二男
長松
長男
貴美子
二女
あき子
長女／幼少没

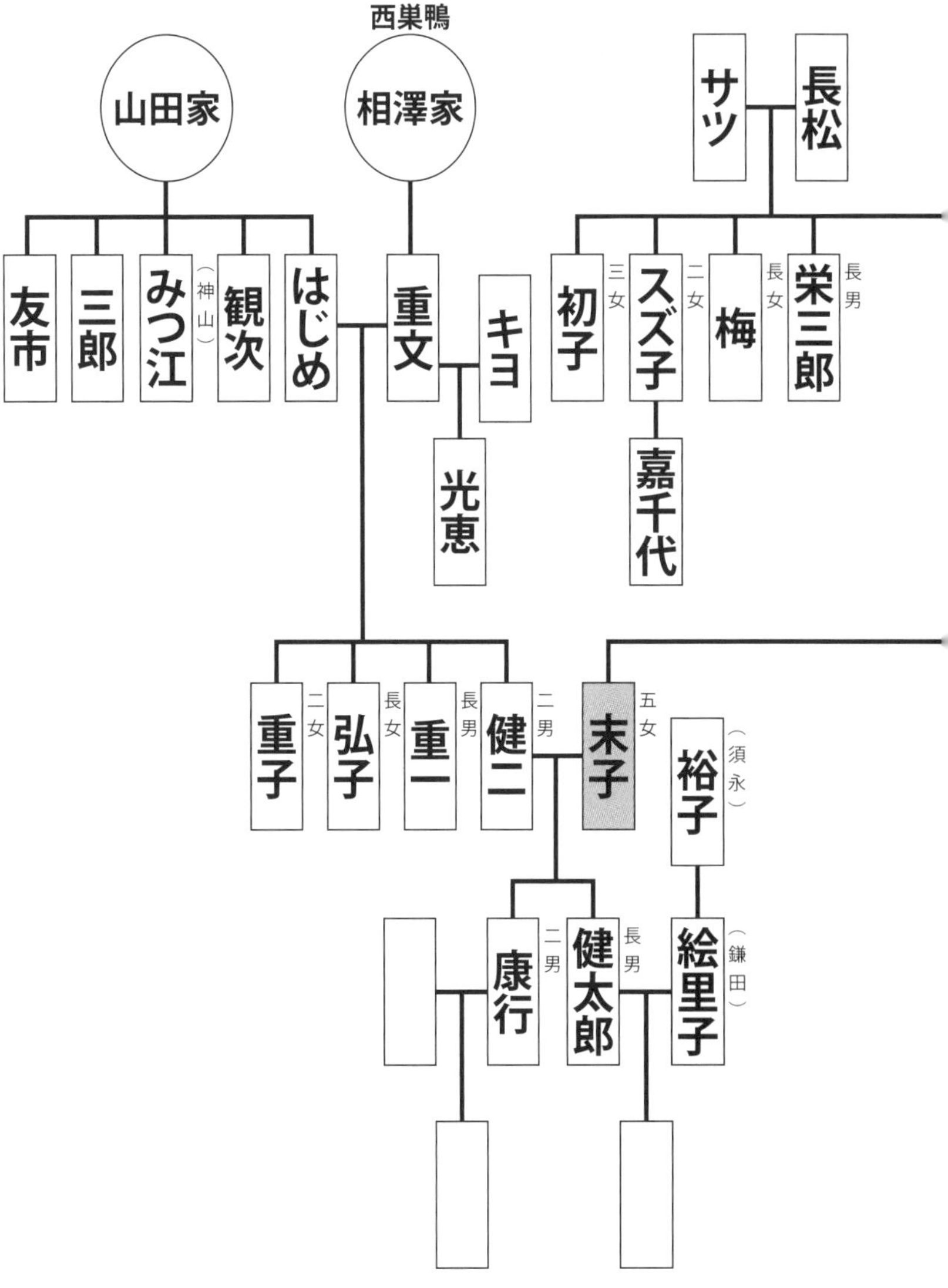
西巣鴨
山田家
相澤家
サツ
長松
友市
三郎
みつ江
（神山）
観次
はじめ
重文
キヨ
光恵
初子
三女
スズ子
二女
嘉千代
梅
長女
栄三郎
長男
重子
二女
弘子
長女
重一
長男
健二
二男
末子
五女
裕子
（須永）
康行
二男
健太郎
長男
絵里子
（鎌田）

私の幼い頃のこと

私は昭和二十二年一月十一日に父、磯貝岩蔵（明治三十五年六月八日生）と母、磯貝りき（明治四十二年六月二十二日生）の五女として大分県大野郡小野市村大字南田原千七拾四番地で生を受けました。

名前は祖父がつけてくれたそうです。九人目の子だったので「そろそろ最後にしたら良いのでは」との思いから「末子《すえこ》」とつけられました。この時父は四十五歳で母は三十八歳でした。体が小さく食も細かったようで無事に育つかどうか心配だったそうです。首がすわってからひとり歩きできるようになるまでは、母の背中で育ったそうです。よちよち歩きの頃はよく「かるいかご（背負いかご）」の中に「どんだ」を敷き、その中に私を入れて背負っていたそうです。おとなしく静かだったそうで、母が起きているのか眠っているのか、時々振り向いて見ていたそうです。「物心がつく」とはいったいいつ頃のことを言うのでしょうか？　私の記憶にあるでき事は、自分ではっきり覚えていたというより、身近な人に教えてもらった話をさも自分が体験したように錯覚しているのではないかと思う程曖昧です。

一つだけはっきり覚えていることがあります。おおばこの葉を兎に与えている時、余り良く食べるのでついつられて金網の奥まで指を差し入れた途端に噛まれ、右手の人指し指が体から離れ落ちそうになったことです。この事がきっかけで動物に近づく時は、かなりの注意を払うようになりました。痛い目にあったことは忘れないのです。そうそうもう一つあります。青がえるを捕まえようとして、田んぼのあぜ道に腹ばいになり、両手を揃えてかえるを押え込み「しめた」と思った瞬間、目の前にしまへびがすうっと泳いでいました。それにびっくりして尻餅をつき下の段の田んぼに落ち泥んこになり、鼻の穴にまで泥が入り、息ができないで口をぱくぱくしてやっと息をしたことです。

父岩蔵は明治三十五年六月八日、大分県南海部郡蒲江町西野浦《にしのうら》千弐百四拾五番地で磯貝《いそがい》長松《ちょうまつ》、サツ夫婦の四男として生まれました。

母りきは明治四十二年六月二十二日、同じ蒲江町西野浦で磯貝勇吉《いそがいゆうきち》、ツヨ夫婦の長女として生まれました。二人は昭和二年四月二十三日婚姻届出（結婚）し、間もなく長男「智貞《ともさだ》」が誕生しました。私の兄です。昭和七年八月二十四日に弐男「勇《いさむ》」が誕生しました。もちろん私の兄です。昭和十五年五月二十三日四女「冨子《とみこ》」、昭和二十二年一月十一日五女私「末子」がそれぞれ誕生しました。以上が戸籍に記載されている内容です。

「智貞」「勇」「冨子」「私」と四人の兄弟でしたのに、戸籍では私は五女となっていましたので、このことから両親は子供のことには押し計ることのできない思いをしていたことが分り、いまさらながら苦労がしのばれます。

両親の生まれ育った蒲江町西野浦は、大分県の南端の漁師町です。大分県と宮崎県を結ぶリアス式海岸の中の一つの入江にあります。民家のすぐ前に海が開けています。

海のすぐそば波打際の浜をへだてて民家ができました。小さな集落です。家は山の斜面に、まるでへばりつくように密集して建てられていて、家と家との間は人一人が歩ける位の間隔しかなく、まるで通路といった感じです。造作なく他人の家の中の様子が見える位でした。家と家との間のわずかな空間は畑になっていました。砂利のような石ころだらけのわずかな畑にはいんげんやとうもろこしなどの野菜が植えられていました。集落から少し離れた段々畑に、目立って多く植えられていたのは「さつまいも」と「あずき」だったと思います。当時さつまいもは主食に近い地位を持っていたようです。さつまいもを輪切りにして干したものをふかしてつぶし、おにぎりのようににぎったものを「ねり」といいます。ねりは昼食や三時に食べていたようです。麦ごはんが普通のごはんで、白米のみのごはんは、赤飯と同様、特別なごちそうだったと聞いていました。西野浦には田んぼはありませんでしたので、お米は買っていたので大切にしていたのでしょう。

祖父はこの漁師町で網元でしたので、それなりの家構えと船と畑を持っていたのですが、その頃は家督の制度がはっきりしていたので四男だった父は、「銀シャリ」へのあこがれを持って、いくつかの山坂を越える決心をしたそうです。

童謡「我は海の子」に歌われているのは、両親の育った西野浦だと思ったくらい美しいところで、深い緑色をした豊かな海でした。海の幸も豊富でお魚や貝もおいしく、豊漁期の鰯は畑の肥料にしたということですから、いくら銀シャリへのあこがれがあったからといっても育ったところを離れるのは、後髪を引かれたことでしょう。

その頃の我家は、人里よりほんの少し（一キロ位）離れた原っぱに小屋を建てて住んでいました。村の地主さんから田んぼを借りて米を作っていましたが、これは自分の家で必要なだけの量で、供出はしていなかったと思います。主な仕事は村の持ち主さんから借りた山林で炭焼きと椎茸栽培でした。

雑木を切り、炭に良い木とぼた木に良い木に分け、炭木は炭焼きし茅で編んだ俵に入れ売りに出します。

「この炭は白炭だから値がよかろう、黒炭は早よう上るき楽でいいが値がはらんきつまらん」

「かま出しがある」などと話していました。ぼた木は椎茸栽培の木です。よくぬぎが使われました。駒打ちがすむと杉山の大きい杉の根本に木を組み合せて並べます。

「切木」「駒打」「入木」「しけ打」などで大切に育てられたぼた木からは、春と秋に一斉に椎茸が顔を出します。三日四日のうちに大きくなります。収穫の時は一家総動員で「なば取り」です（小野市村では椎茸のことを「なば」と言います）。取ったなばはえびらに広げ「なばあぶり」をし乾燥させます。なばあぶりは夜になることが常で、炭を使ってむろでの乾燥は明け方までかかったようです。このなばあぶりが品質の良し悪しを決める大切な仕事で、昼間の疲れから、いねむりでもしようものなら美しい椎茸をこがしてしまい、一年の苦労が水泡に帰すことになります。

父はねじり鉢巻で、「シー・シー」とまるでふいごのリズムのような音を発しながら飛び跳ねて仕事をしていましたし、この大切な仕事を一手に引き受け、品質の良い乾燥しいたけを仕上げていました。何もない小屋で良く目につく所に、大分県椎茸組合の賞状が何枚も無造作に貼ってありました。乾燥しいたけはとても良い値段で売れたようです。春とれるのは「春こ」、秋とれるのは「秋こ」といいました。

季節になると、仲買人が頻繁に我小屋を訪ずれました。無愛想な人、愛嬌のいい人などいろいろな人がいましたが、父はそれぞれに相応に対応していたようです。椎茸栽培が順調になったこの頃は、両親の郷里の西野浦から男の働き手が二、三人きていました。盆と正月に「正月まで」「お盆まで」と約束して働いてもらっていました。節季働きです。

七つ年下の母は、小屋の周りに畑を借り、野菜を植えていました。「かんらん」「ほうれんそう」「ねぶか」「大根」「人参」「ごぼう」「ごま」等等いろいろ作っていましたが、なかでも上手だったのは「さといも」でした。

「おりきさんは野菜作りが上手だね」と誉められると「百姓百品っていうからまだまだだ」とひかえ目にそれでもうれしそうに返事をしていました。自給自足に近い暮しの中で、母の持ち分となるとやはり毎日の食事の仕度と衣類の世話だったと思います。仕事着の繕いや、きものの仕立ては「夜なべ仕事の針仕事」をランプの明りの下で針をすかしながらしていました。

「ランプのほや磨き」と「なばひろげ」が小さい私のできる手伝いでした。

小屋を建てた原っぱも、米を作る田んぼも椎茸を作る山林も、野菜を作る畑も全て借りていたわけですから、両親はいつかはきっと自分のものにと思ったにちがいありません。

晴れの日も、雨の日も、嵐の日さえも、自然の中で良く働きました。そんなわけで私は小学校入学までは、同じ年頃の友達は一人もいませんでした。家族と仕事上縁のあった大人の中で幼年時代を過したことになりますが、兎はいたし、鶏もいたし、おまけに蛇や蛙までいました。美しい自然の中で家族に可愛いがられて暮しました。ただ一つこわいのは、「まむし」に噛まれることでした。

小学校時代

昭和二十八年四月、大分県南海部郡小野市村立小野市《おのいち》小学校に入学しました。村には小学校がひとつ、中学校がひとつありました。

村の子供達は何の疑問もなく当然のごとく、そのひとつしかない小学校へ通い、小学校を卒業すると、敷地を少し隔てた中学校へ通いました。当時小野市村に高校はありませんでした。

入学した小野市小学校は、美しい木造の校舎で、造成された敷地に建っていました。中央に玄関を置き、左右に同じように教室を配置した、きちょう面な感じの二階建てでした。入学式や卒業式に使われる講堂は別の敷地に建っていました。校庭には花壇があり、美しい花が植えられていました。桜の木も何本か校舎を囲むように、植えられていました。小さな噴水のある池には、金網が張ってある鳥小屋があり、小鳥もいましたし、小動物もいました。立派な学校だと思いました。

この美しい小学校の入学式に、どんな風に参加したのか、全く覚えていません。母につれられて行ったはずです。その時の母の衣裳も、私もどんな洋服をきていったのかも覚えていません。組分けがすんで、教室に入った時に、美しい女の人が教壇に立っていて挨拶をしました。佐保千恵《さほちえ》先生でした。私は小学校入学で、初めて大勢の人の中に入りました。この夢のような時間は入学式の日一日だけでした。

学校へはランドセルをしょっていきました。私のランドセルには小さい花の柄がえがかれていました。ランドセルの中には少しの学用品とお弁当が入っていました。母は可愛い赤いアルマイトの弁当箱を用意してくれました。上蓋にはユリの花が抜き絵（シルエット）でえがかれていました。弁当は晒で作った袋に入れて持ち運びしましたが、おかずの煮汁がしみ出して袋や本やノートまで、いいにおいになることも度々ありました。

私はこの赤い弁当箱と、花柄のランドセルを大そう気に入っていました。お弁当をランドセルに入れて、あの立派な学校へ通うことはとてもうれしいことでした。

学校へ通うようになって気づいた事がありました。親は一緒に行かないこと、いくつもの部落を通ること、歩いて行かなければならないことなどでした。私の家から学校まで一里半の道のりがありました。入学して一週間くらい冨子姉が一緒に行ってくれましたが、姉は七つ年上でしたので、同じ年に中学校に入学しました。小学校一年生の私とは授業の時間帯がちがいますので、妹の私のことばかり心配していられなかったわけです。両親は「泣かんで行って、泣かんで戻れば上出来」といっていたそうです。体の小さかった私の後姿は、さしずめランドセルに手足がついたかのようだったそうです。勉強ができるとか、友達ができるとかは、二の次三の次だったようです。

実はこれは両親の挑戦でもあったのです。兄二人と姉は小学校入学当時は、両親の郷里の西野浦の小学校へ、父の実家から通っていたからです。父の実家は「恵比須屋《えびすや》」の家号を名のっていて「エベスヤ」「エベスヤ」と呼ばれていました。名字の「磯貝」で呼ばれるのは、役場と郵便局と学校位だったのではないかと思います。兄や姉の世話は祖父母が中心になり、おじ、おばが助けていたと聞いていました。智貞兄（長兄）はおじのことを「母屋《おもや》の父さん」、おばのことを「母屋の母さん」と呼び親しみ、実の親より大事に考えていたふしさえありました。西野浦小学校は集落の端の丘の上にありましたので、十二、三分もあれば学校へ着くことができます。小さな集落ですので「この子はどこどこの子」と皆が知っていました。西野浦の人達は自分の子と他人の子を、分け隔てなく見守りました。

二人の兄と姉はそんな中で小学校時代を過しましたが、私だけは事情が違っていたようです。なぜそうなったかは、今となってはもう知る由もありません。ほんの少し上等のランドセルも赤いアルマイトの弁当箱も、私が楽しく学校へ行けるようにと、ふんぱつして揃えてくれたものにちがいありませんでした。

担任の佐保先生は、明るくやさしい先生でした。叱られた記憶はありません。何を勉強したかも覚えていませんが、画用紙にチューリップの絵が線だけで書かれていて、それにクレヨンで色をつけるのがありました。教室の後の壁に皆の絵が貼り出された時に、私の絵には、赤いインクの丸が三重についていることに気づいた時、佐保先生が好きになりました。ころんで膝をすりむいた時も「赤チンキ」をつけてくれたりもしました。

朝早く家を出て学校へ行きます。行きは始業時間に遅れないよう皆まっすぐ登校するのでいいのですが、下校の後、帰りが正念場です。男の子たちが待ち伏せして笹の葉のついた竹棒でつついたり、小石を投げてからかったりするからです。ひどいのになると、ランドセルの蓋を開けて「みみず」を入れたりします。

道路脇の野原でお弁当を食べているところを「ワッ」とおどかされ、膝の上の弁当がころげおちます。すると「ワー」とかん声が上るのです。ある時は顔みしりになった女の子に親切にされ、安心してついて行ったら納屋の前で待たされ、待ちくたびれて、そのままうとうと眠ってしまいました。時折通りがかりの大人が注意したり、少しだけ一緒に歩いてくれたりすることもありましたが、上手にいたずらっ子から逃げながら、トコトコ帰ります。

家に帰ると母は良く話を聞いてくれます。一通り聞いた後で「えらかった、えらかった」と、おかっぱ頭をなでてくれます。そして、「石を投げられたら、投げ返さんか。たたかれたら、たたき返さんか。ほいじゃけん、じぶんからしたらいけん」といいます。

こわいものは「まむし」だけでは、なくなりました。

芽ばえ

「磯貝末子さん」

「はい」と元気よく手を上げます。

「磯貝さんの姉さんは、磯貝さんじゃろ」と言ったとたん、クラスの生徒皆がドッと笑います。

「いけん、いけん、磯貝さんの姉さんは、磯貝富子さんじゃろ」

「はい」

小野市小学校三年生の始業式の日です。声をかけてくださったのは、新しく担任になった「甲斐英明《かいひであき》」先生です。邂逅《かいこう》です。といってもいいと思います。今までの生涯の中で、「先生と思う人の名を書きなさい」と言われたら、躊躇なく最初に書くと思います。先生は姉の担任をしていたことで、私のことをすぐに理解してくれたようでしたし、私もまるで自分の兄のように感じました。学校へ行くのに張りが出たのはこの瞬間からでした。ころげるように家に帰り、母に報告したものです。

「そりゃあ良かった、良かったのー」と母もほんとうにうれしそうでした。

国語、算数、理科、社会が主な教科です。時間割には他に、体育、音楽、図工、道徳がありました。国語は漢字の書き取りが多く、大きな枡目の練習帳に同じ字をいくつも繰り返し書いて覚えます。算数は横線のノートに、加減算、乗除算をアラビア数字で書き、筆算で勉強します。私ははっきり答の出る算数と国語が好きでした。理科や社会はさほど好きではありませんでした。なぜこんな勉強が必要なのか理解できませんでした。音楽は好きで体育はそう好きではありませんでした。

甲斐先生は、とにかく「まる」をたくさんくれました。私は「まる」につられて学校へ行ったのではないかと思う程でした。算盤の練習が始まったのも、この頃だったと思います。毛筆も同じ頃です。「読み、書き、算盤《そろばん》」の名ごりでしょうか。ランドセルの中の筆箱と弁当箱と片方につき差した算盤の珠が、スキップをすると、カタカタとリズムを打ったものでした。そうそう、この頃には我家は、同じ小野市村の田原《たばる》から黒原《くろばる》に引越しして、学校から半里（二キロ）くらいの所にありました。家は屋根は田原の小屋と同じ杉皮ぶきでしたが、柱は角柱でしたし、部屋も四つありました。台所も風呂も土間を広く取った隅に行儀よく配置されていました。別に「むろ」が建てられていました。庭もあり、「カンナ」や「百日草」「盆花《ぼんばな》」などが植えられていました。「百日草」は水持ちが良い花でしたので、咲き具合の良い所を切り花にしてもらい、教室の柱にかけてあった竹の花入れに飾ったものでした。

智貞兄さんには「澄子《すみこ》」という名のお嫁さんがきていて、にぎやかな一家となっていました。板の間の片すみに、片袖の引き出しの文机を置いてもらい勉強をしました。板の間に正座して机に向うのですが、板と板とのすき間に肉をはさまれて、すぐに足をくずすと、「ちゃんと座れないとお嫁さんになれない」とたしなめられます。きれいなお嫁さんになれないのはいやだと思い、すぐに又正座をするのですが、やはり痛いものは痛いと思いました。

同じ黒原の女の子の友達もでき、放課後は一緒に遊ぶようになったりしました。陣取り遊びが流行っていて、頭をくっつけるので、時折「しらみ」をうつされます。せっかくできた友達でしたが、母は「あの子は好かん」といって遊ぶのを喜びませんでした。夜「すき櫛」で頭の髪の中の「しらみ退治」をするのです。身体検査の時など女子生徒全員が頭にＤＤＴをまかれたこともあります。今から思うと考えられない話しです。

澄子義姉さんは、二十歳になる前に我家にお嫁にきました。やさしく頭の良い人です。花嫁修業の一つとして、佐伯市にある学校へ何ヵ月か通ったそうで洋裁が上手でした。当時まだめずらしかった「ミシン」は結納の一つとして、父が贈ったそうです。私はワンピースやスカートを縫ってもらいました。衿元や袖口、胸のヨークにたくさんのフリルのついた服が好きでした。こんな環境の中で、兄のような先生が担任になったわけですから、それはもう申し分のない学校生活を送ることができました。

四年生になっても担任は甲斐先生で、持ち上りでした。ある日先生が私を図書室に連れて行き「この中から読んでみたいと思う本を一冊選んでごらん」といいます。本のラベルは9の番号のついたコーナーでした。「文学」だったと思います。私は一冊の本を選びました。「七人の王子が白鳥に姿を変えられる」お話しです。読みすすんで行くうちに、私は何としても七人の王子を助けなければと思う主人公になっていました。その気持ちを書いた結果が「感想文コンクール」の賞状となって母の手許に届いたのも甲斐先生の時だったわけです。母は「習字や絵の賞状は何枚もあるけんど、そげんもんよりは何倍もねうちもんじゃ」といいます。

重岡小学校へ転校

「磯貝さん反省して下さい」
「なぜですか」
「磯貝さんは昨日の帰り道で、僕達に石を投げました」
「小平《こひら》さん反省して下さい」
「なぜですか」
「小平さんは私達女子が縄飛びをしている中へ入ってきてじゃまをしました」

重岡《しげおか》小学校六年生の反省会の時の情景です。自分で行いの悪かったのを自分から反省した場合は、それだけで良いのですが、このように人から反省を促がされた場合は教室の掃除をする取り決めになっていて、私はかなりひんぱんに掃除をするはめになりました。小平さんも同じ位掃除をしました。私には身に覚えのないような事でも、さがし出していうからです。負けじと私も言い返すので、小平さんも意地になったんだと思います。後に小平一郎さんは町長になりました。小さい頃から「政治力」「行政力」が備わっていたんでしょう。

重岡小学校は小野市小学校のおとなりの学校です。五年生の三学期に転校生として、小平さんの組に編入されたのです。一年生で入学した生徒はほとんどそのまま、六年生で卒業します。新学期に一人二人と数名の転校生がいます。その親は学校の先生だったりすることが多く、私のような転校生はめずらしいのですね。すぐにやり玉になりました。でもこの頃にはもうほぼ互角にいい合っていました。重岡小学校は、上仲江《かみなかえ》から一里（四キロ）ぐらいの千束という所に建っていました。小野市小学校よりは全校生徒数も多い学校でした。

上仲江に父が建てた家は瓦《かわら》屋根で、ガラスの戸が縁側一面に配された立派な家でした。「棟上げ」の日には、上仲江の人達や親せきの人達が大ぜい集まりお祝いしました。両親の郷里の西野浦の人もかけつけてくれました。紅白の色をつけて、手のひらに入るくらいの大きさにちぎった餅を梁の上から投げるのです。「ひとんぎ餅」といいます。五円玉を和紙で羽をつけて一緒に投げました。私のいとこの大工で、大変腕の良いといわれた、久寿米木《くすめぎ》正弘《まさひろ》さんが精根込めて建ててくれました。この家が両親の終《つい》の住家となりました。裏庭には池も掘り鯉を泳がせたりしましたし、後に車庫も作ってしまいました。かつて無造作に貼られていた賞状は、額縁におさまってらん間に所狭しと飾っていました。父は長崎県の対馬に行くつもりだったらしいのですが、母の「電気の下で死にたい」の一言で、対馬行きを断念したそうです。

西野浦から裸一貫で出てきた両親の働きぶりは、なかなかのものでした。私が五年生でしたので、父、五十六歳、母、四十九歳です。

智貞兄さん、澄子義姉さんには「貴美子」さんが生まれていましたので、家族は八人となっていました。兄夫婦には間もなく長男「長松」君が誕生しました。三代目です。二世代が同居した家族でした。上仲江では、土地も家も田んぼも畑も山林も、全て父の名義で借りものではありませんでした。

五年生の終り頃、当時少し出まわり始めた婦人用の赤い自転車をいち早く買ってもらい、意気揚揚と学校へ通いました。母は授業参観の時は必ず学校へ足を運んでくれました。運動会や学芸会ももちろん言うには及びません。

「おりきさんはよう勤めるなあ」

「うちのしまいっ子じゃあき、すみに置かれてん困るけん、ちゅうち真ん中にいちょっち、他人《ひと》のじゃましてもいけんき、ようみちゃらななあ」といいます。両親の挑戦はまだまだ続きます。

春夏秋冬、日本は四季があります。美しい自然は時に厳しく、時に優しくあります。恐ろしい爪痕を残し、人々が築いた様々を跡かたもなく持去るかと思えば、思いもしない豊かな恵を届けてもくれます。つたない私が言うまでもないことです。皆それぞれ経験があることと思います。小野市村でも重岡村でも、自然に感謝する行事はたくさんありました。

「田おこし」「苗床」「田植」「草とり」「稲刈り」「駒打ち（しいたけの種駒）」等等農作業の折々、朝もやの中、田畑の見廻りや草刈りと文字通り「朝めし前」の仕事、食事の後の本番の大仕事と、日々精進します。朝な夕なに祈りをささげます。

朝もやの田んぼのはしに立ってごらんなさい。目をとじると、霊気とともに神々の姿がうかんできます。バリ島まで旅行に行かなくとも、感謝の暮しを感じられるのは身近な所

に山程あります。ただ大変地味で、しかも生まれてから自然に身についているものなのでお互い見えにくいだけなのです。はっきり見えるものの一つとして、秋まつりがありました。

小野市村では「たかどやさん」、重岡村では「はちひきばる」の祭りです。祭の日は学校でも粋な計らいをして、早く終ります。各家庭はこの日ばかりは仕事は休みます。我家では昼から風呂をたて、「いっちょうら」を着込み、こづかいを持って出かけます。子供の私は今日ばかりは少し破目をはずしてもいいかなと、ひそかに期待し、両親の仕度の整うのを今か今かと待ちわびるのです。

「たかどやさん」も「はちひきばるの祭典」も、大変楽しい行事でした。日本中のどこでも、よく見る祭りを想像していただければ分ります。この紙面に再見するのは不可能です。祭りばかりは実際に見てもらうのが一番です。ぜひお見せしたいのですが、どうしましょう。

感謝の型は、日常にもあります。朝起きると東の空を仰ぎ、頭を下げます。朝食の仕度をする母は水を汲む前に「水神」さまに、火を起こす前に「荒神」さまに、あいさつをします。「いただきます」と食事を始めますが、好き嫌いを言ってはだめ、ごはんつぶを一粒でも残すと「バチが当って目がつぶれる」といわれます。「ごちそうさま」で終ると、自分の使った茶わんは流しまで運ぶということです。心がけが悪く物事がうまく運ばなかったりすると「バチがあたった」といっていました。

人に対する感謝として「挨拶」を教わりました。「立つより返事」などいいまず返事をするように、あとは「お早よう」「こんにちは」「こんばんは」「さいなら（さようなら）」「おおきに（ありがとう）」でした。

昭和二十八年度　一年生　佐保千恵　先生
昭和二十九年度　二年生　黒澤昌子　先生
昭和三十　年度　三年生　甲斐英明　先生
昭和三十一年度　四年生　甲斐英明　先生
昭和三十二年度　五年生　塚崎昇一　先生
　　　　　　　　　　　荻本善春　先生
昭和三十三年度　六年生　荻本善春　先生

一人一人素晴らしい先生方にお世話になりながら、昭和三十四年三月二十日、大分県南海部郡宇目村立重岡小学校を卒業いたしました。勉強はともかく、一、二年生欠席些少、三年生精勤、四、五、六年生皆勤はちょっぴり自慢していいでしょうか、もちろん先生方初め、両親、家族の支えがあったからです。心から「おおきに」。（小学校在学中、町制施行があり、小野市村と重岡村が一つの村になり宇目村となりました。）

中学校・高校時代

昭和三十四年四月、大分県南海部郡宇目《うめ》村立重岡中学校に入学しました。三月に重岡小学校を卒業した生徒のほとんどの人が入学しました。

入学式は、青空の下、学校の校庭で行なわれました。昭和二十一年四月から、昭和二十二年三月まで生まれた人達です。前年度の生徒は二クラスしかありませんでしたが、私達の学年は三クラスありました。急に生徒が増えたのに、学校の建物が間に合わなかったようです。団塊《だんかい》の世代です。

私は制服のセーラー服で、他の同級生と同じように、入学式に参加しました。小学校と違い制服なので、色が紺に統一され、しかも皆私より大きい人の集団なので、なんだか急に大人になったような気がしました。校長先生初めとした先生方も、威厳のある人が多いように感じられ、立って話を聞いているうち軽い目まいを感じました。

私は「C組」になりました。教室は、応急に理科室を普通科に整理した教室で、中に入ると薬品の臭いがしました。

担任の先生は渡辺正《わたなべただし》先生でした。独身の男の先生でした。中背で少し肥りぎみの体格までは良いのですが、強度の近視でした。牛乳瓶の底のようなめがねをかけているのに、良く見えないのか、教室の入口のガラス戸にぶつかったり、教壇の板につまずいたりしました。おまけに背広の背縫いの部分が、ほつれていましたし、ズボンはよれよれでした。入学式当日に「ドンクー」とあだ名がついてしまいました。重岡村には、清流がいくつかありました。広い所では、子供達が水浴びを楽しみます。又魚つりもします。目立って良くつれる魚は「あぶらめ」、ときどき大喜びするスマートできれいな魚は「はや」、下手くそな人でもつれる魚が「どんかち」です。どんかちは川底にじっと動かずに、ぼっと眠っているような感じでいます。色は川底の泥の色とそっくりです。目をこらして良く見ないと分らないのですが、見つけられさえすれば釣ったも同様です。みみずを魚の顔の前に落とし、チラチラさせれば必ずぱくりと食いつきます。出目きんの頭部に少しの体をくっつけたような魚です。このどんかちが餌を食った時にそっくりということで「ドンクー」になったわけです。次の日先生のあだ名を知らない生徒は一人もいませんでした。

「磯貝末子さん」と呼ばれて、キョトンとした私にドンクー先生は、「今日から、中学生ですから、名前を呼ばれたら返事をしなさい」と少しむっとした顔でいいました。

中学校からはクラスがA組、B組、C組となって出席簿が生年月日順から、あいうえお順に変ったのです。「あ」の人がいなかったため、一番先になりました。小学校では最後の方で呼ばれていましたので、「えっ」と思ったのです。先生が「むっ」としているのを見て、すかさず「にこっ」とする要領は、当時持ち合せていませんでしたので、見事に、中学生活のスタートを、しくじってしまいました。

中学校は、学科毎に先生が違いましたので、教室を移動しながら勉強します。担任の先生に全教科を教わるのではないので、好き嫌いができます。担任の渡辺先生は、私の好きな数学の先生でした。なんとなく不安を感じました。

三月までは子供らしい顔つきだった男子も、わずかな春休みの間に、急成長をとげたのか声変りをしていたり、大人顔まけの髭面の人さえいました。男女共学だったので、男子にしてみれば、女子の方もそうだったかも知れません。考えてみれば、制服になったために、余計成長具合がはっきりしたのかも知れません。めきめき成長したのは体だけではありませんでした。心の方も相当な成長でした。

春になると畑に植えられている「かんらん」に青虫がつきます。かんらんのやわらかな葉を食べて丸々と太って、葉っぱの上でうごめくよう動いています。この青虫が体力をつけ、時期がくると白い蝶になります。どう考えても、青虫と蝶は同じと思えませんが、幼虫と成虫で同じ生命です。例えは良くありませんが、中学生時代は、まさにこの変化する時代だと思います。自分の体なのに自分ではどうすることも出来ない思いを度々感じます。

女子も、体つきに丸みを帯びてきます。急に仕種が大人びたりもします。私達の小さい頃には、パン、牛乳などはまだ少なく肉食を中心にした欧米型の食事は、普及していませんでしたので、小柄な人が多く、ほとんどの女子も、中学になってから生理が始まりました。私も生理が始まったのは中学二年生の時でした。

その頃は、何でも隠すのが美徳と思われていました。弁当のおかず、テストの点数、通知表、カバンの中身、なんでも隠しました。生理になったのも隠します。他人に知られるのは恥と考えていました。平気で他に見せたり、話したりすると、「ばか」か「けちゅうら」と軽蔑されました。

入学式の日に感じた不安は見事に的中しました。

入学式当日以来なんとなく、幸福感を味わうような出来事は何一つなく、春霞のような、ボーとした頭の中身に、顔にはブツブツができ、体の動きは、すこぶる活発というには及ばず、学校へ行く楽しみは見い出せないまま二、三ヵ月は飛ぶように過ぎました。

ある日、職員室の前に、生徒が多ぜい集まってガヤガヤ騒いでいましたので、私も行ってみました。驚いたことに中間テストの結果を一番から成績順に、かなり目立つ大きな墨字で貼り出しているのです。上位二十名位だったと思います。かろうじて名前はあったもののその日から風の色が変りました。

無邪気に遊んでいた小学校時代を急に懐かしく思いました。対抗意識の露骨さは、目つきに表われてきました。放課後一緒に帰っていたのにサッサと先に帰られたり、お弁当を一緒に食べるのを断わられたりしました。やるせない気持はしばらく続きました。解決の糸口は見つからないままでした。

クラブ活動が始まります。スポーツの方は野球、卓球、庭球、排球で、文化の方は、書道、華道、化学、新聞などでした。私は、排球と書道に入りました。排球の方は自分から入りましたが、書道は先生が勝手に決めて、入らざるを得ないような雰囲気でした。

排球は九人制でした。専用のコートが一面あって、そこで練習をしました。一年生は球ひろいでした。コートは校舎より下にありましたが道路よりは上にありました。上級生が打つ流れ球を拾いに学校敷地を抜け、人道を通り、溝を越え、田んぼまで行くのです。あまり度々になるとしまいには、「球ひろいに行ってきまーす」といって最初から、田んぼで息抜きをすることもありました。コートで練習はなかなか出来ず、サーブを打って相手方のコートに入れば良い方でした。

書道の方は「虫が好かん」先生だったので熱心ではなく、展覧会用に清書を二、三枚するのが関の山でした。

ドンクー先生は、学校行事があると、必ずといっていい位、C組の代表にするのです。一応参加するのですが、クラス対抗などで負けると「ろくな生徒がおらん」とつぶやくのです。同級生の中には「先生に贔屓されちょる」とあからさまに言う人もいて、流石の私もいやけがさし、だんだん敬遠するようになりました。目立たないよう、目立たないよう、心がけるようになり、静かに、静かに一年生を修了することにやっと成功しました。

　二年生では「Ｂ組」になりました。担任は吉良哲也《きらてつや》先生でした。英語の先生でした。吉良先生には「出目きん」とあだ名がつきました。痩せぎすで色白の先生でした。やはり近視でめがねをかけていましたが、目が飛び出しそうな感じでしたのでそうなりました。指などは女の人より細く、背広はいつもきちんとアイロンがかかっていて、ドンクー先生とは対照的でした。いつも落ち着き払っていて、思いきり笑ったり、くやし泣きをしたりすることは全く無縁の事といった風でした。いいところの出身だといううわさでしたし、こんな田舎の学校には「もったいない」ほど英語力のある先生だと言うことでした。近寄りがたい先生でした。多感な年頃に、近寄りがたい先生には遠まきに接するしか手がありませんでした。皆と同じように英語の時間には、虎の巻を読んで過しました。先生は「ｅａｔぼたもち、ｄｒｉｎｋ焼酎」が分ればいいといって、うす笑いを浮かべていました。文豪夏目漱石の「坊ちゃん」に登場する教頭、赤シャツ先生は先祖ではないかと思った程です。英語は英語の授業の時だけ必要でしたので、これで良かったのです。一年生の延長の二年生はあっという間に過ぎました。

三年生では「A組」になりました。担任は森竹宗人《もりたけむねと》先生でした。森竹先生は普通の人でした。強いて言えば頭髪が少しうすかった位で、あだ名はとくにありません。「宗先生」と呼び親しむ生徒がいましたが、ドンクー先生や、出目きん先生から見れば、はるかに善意の感じられる呼び方です。

森竹先生は前の年まで、小野市中学校で教えていたこと、地元の人だということ、すでに結婚もしていて子供もいることなどで、大変安心感がありました。私は、少しほっとしたのを覚えています。思えば中学に入ってからの二年間、無言の緊張を強いられていたように思いました。中学時代のアルバムの写真を見ると良く分ります。身構え、目はカメラをにらみつけるかのようで、お世辞にも明るいとは言えない表情で写っています。

中学生の頃の我家は九人家族でした。両親と勇兄と冨子姉と私の五人と、智貞兄、澄子義姉、貴美子さん、長松くんの四人で、同じ屋根の下で暮していました。二世帯でしたが部屋がそれぞれに分れていましたので、不自然には思いませんでした。将来は、智貞兄が家を継ぎますので、家督は全て兄のものになると信じていましたから、兄も全て自分の責任に於いて家を守るものと思い、私達兄弟を両親同様可愛いがってくれました。

ところが大きな問題がおきていたのです。勇兄が、強度の弱視と難聴を合せ持っていて、男一人前の仕事ができずに、家にひきこもっていました。小学校、中学校の頃は普通の子供だったのに、成人するにつれて不自由になったのです。両親は治せるものならと、別府に良い眼科医がいると聞けば別府へ、熱海の湯が治療にいいと聞けば遠く熱海まで、勇兄を連れて行ったりして、八方手をつくしていたのですが治りませんでした。仕方なく家に居て、自分の世界に浸っていました。機械いじりが好きで、脱穀機のエンジンをかけたり、故障したチェーンソーを修理したりするのは勇兄の仕事でした。兄は私より十五歳年上なので、三十近くなっていました。両親は兄の将来をあれこれ考えてはいましたが、我家ほど居ごこちの良いところはなかったのでしょう。勇兄はどこへも行きませんでした。

勇兄は、家の一番奥の、隠れたように作られた三畳間にベッドを置き、テーブルの上には消毒用の脱脂綿、消毒アルコールを並べていて、他の人が入ることを極端にきらいました。定位置に、必要なものがないと「誰かしらんか」「誰かしらんか」と大騒ぎします。納得がいけば静かにしています。兄の楽しみはギターを弾くことです。「湯の町エレジー」を口ずさみながら弾いていました。楽譜は虫めがねで見ていました。三度の食事をきちんと食べるだけで、酒やタバコは一さい寄せ付けず、他には何も欲しがりませんでした。つまずくといけませんので、兄の歩くところは何も物は置きませんでした。必要な事を知らせる時は紙にマジックインキで大きな字を書きました。

中学三年生は、義務教育の最後の学年です。卒業後の進路が、一人一人違った道になります。家業の農業を継ぐ人、就職する人、進学する人、大きく三つの道に分れます。担任の森竹先生は、一人一人丁寧に指導していました。学校に提出する家族調査書に、勇兄の職業を何と書いたらよいか、悩みました。「不具者」と書いたこともあったと記憶していま す。昭和三十六年当時は、戦後十六年復興の最中で、食糧事情、住宅事情はかなり良くなっていましたが、社会保障制度はまだ未熟だったと思います。社会的弱者ですが「働かざるもの食うべからず」の考えから、世間に遠慮して生きていたのです。両親がしっかり保護していましたので、兄はどっぷりと自分の世界に浸っていました。母は働き手である長男夫婦への遠慮と、不自由な勇兄の気持ちを思い、祭や月一度公民館で上映される映画など楽しみな場所には、顔を出さなくなりました。大家族でしたので私も母と同じようにしました。

中学校を卒業したら、就職をして早く母を安心させてあげたいと考えていましたので、進路希望に就職と書きました。森竹先生は、父兄会に来た母に「これからは男女平等の時代なので、できれば高校へ行かせてください」と話したようです。母は「よしれん心配をするな」と今まで見たこともないきつい顔でいいました。そして「お前を高校へ行かせるくらい、へでもない」さらに「そげな、よしれん心配をするひまがあったら、何でもいいから一番になるぐらい、がんばっちみー」といいます。私は母の一言で、高校へ行くことを決心しました。七つ年上の冨子姉は中学校を卒業後、佐伯市にあった松田技芸学校で和裁を二年習っていました。花嫁修業の一つでした。智貞兄も勇兄も中学校を卒業すると同時に家の家業に就きました。高校に行かせてもらうのは末っ子の私だけでした。とてもありがたいことでした。

勉強に少し身が入ったのは、進路がきまった中学三年生の二学期からでした。進学するには時すでに遅しの感さえありましたが、「最後の五分間」をがんばることにしました。佐伯市の本屋さんで、参考書を買って、家で自習しましたが思うように進みませんでした。一番の障害は我家の茶の間に据えられた白黒テレビでした。NHKとOBS（大分放送）の二チャンネルしか映りませんでしたが、今上天皇のご成婚を機に全国に普及しはじめたテレビが、一番の情報源となってしまったため、テレビを見ることが、学校で話題の中心になり見ないわけにはいかなかったのです。勉強しようかなと思うと「ジェスチャー」やら唄番組やら毎日良い番組がたくさんあって、誘惑に負けるのです。私の覚悟は、その程度のもので、とても「ガリ勉」と呼ばれるような集中力のある勉強ではありませんでした。

学習塾などありませんでしたし、姉はすでに卒業していましたし、高校は「遊びに行くところ」位にしか思っていなかった家族ですので、一人で悪戦苦闘するしか手がなく、不充分のまま受験となってしまいました。燃焼しきれない、敗北感をいだいたまま、昭和三十七年三月、大分県南海部郡宇目村立重岡中学校を卒業しました。

昭和三十四年度　一年生　渡辺　正　先生
昭和三十五年度　二年生　吉良哲也　先生
昭和三十六年度　三年生　森竹宗人　先生

小学校時代とは大きく違う個性的な先生方に異口同音に言われた言葉は、「もう少し積極的になって下さい」でした。級友ともお別れです。就職する人、家業に就く人、進学する人、とそれぞれの道を歩くこととなりました。人生で別れを実感したはじめでした。

「さいなら、げんきでね」

高校時代

昭和三十七年四月、大分県立佐伯農業高等学校宇目分校に入学しました。宇目町にただ一つあるこぢんまりした高校です。一学年一クラス、四学年合せても百名くらいでした。

昼間定時制、「生活科」です。四方山林に囲まれた宇目町は、ほとんどの家が農業と林業に従事しています。大雑把な紹介をするならば、良き町民になるための学校でした。生徒のほとんどは、小野市中学校と重岡中学校の卒業生でした。卒業するとすぐ役立つようにとの見識からでしょう。普通科目の他に、農業一般、家庭一般、被服（洋裁）、被服（和裁）、食物がありました。二年生になると、家庭経営、三年生になると、簿記、珠算、保育、手芸、畜産が加わりました。四年生では農業一般の中に林業が加わりました。

農繁期には家業を手伝えるよう、出席日数が少なくなっていて、その日数の不足分を四年目に取得するということです。従って四年生は、一学期と学年末に登校するので、一見したただけでは、他の普通科の学校と何ら変った所はありません。自宅から自転車で通学しました。原動機付の免許を取ってからは、後にオートバイの中では「世界の名車」と呼ばれたホンダのスーパーカブで通学しました。

高校へオートバイに乗って通うなど、両親は想像もしていなかったようです。この頃の私は、勉強よりもおしゃれに関心を持ち、「装苑」「ドレスメーキング」を定期購読して、愛読していました。制服以外の服は、自分で縫って着ました。学校の作品展などには、良く出ていましたし、南海部郡の高校の家庭科のコンクールになると、学校を代表して参加していました。技術検定もありました。弁論大会もありました。修学旅行もありました。実物鑑定、杉の下刈り、校庭整備、何でもしました。「兄弟で高校まで行ったのはお前だけぞ、学校に行っているうちはできるだけのことはさせるけん、卒業したら、自分のことは自分でせにゃいけん。これが最後じゃけん」と、雨だれのごとく、ぽつり、ぽつり、事有るごとに言われました。私は両親の言っている意味が充分に分りましたので、思う存分高校時代を楽しみました。親友の甲斐芳枝さんと校庭整備をサボって、裏山でおしゃべりをしていたこともあります。色々なことを話しました。今思うとたわいないことばかりだったようです。卒業後のことは何も考えていませんでした。ただ卒業したら、自分のことは自分でしなければいけないということだけははっきりと分っていました。高校三年生の時、修学旅行で東京へ行きました。東京オリンピックの翌年でしたので、見学のコースに国立競技場が加えられていました。日光へも行きました。その時には、自分が生涯のほとんどを、東京で暮すことになるとは夢にも思っていませんでした。

高校四年生の一学期が終る頃は、クラスの全員の顔が揃うことは、めずらしいことになります。就職の面接に行ったり、すでに家業で一人前に働いていたり、理由は各自違っていました。私はただぼんやり残された学校生活を送っていました。この頃、実習と称して杉の下刈りが多かったように思いますが、休まず「長かま」を持って参加しました。手当はなく、学校の設備購入の資金となったようです。すでに嫁ぎ先が決っている人もいました。一学年後輩の人が卒業と同時に畜産の先生と結婚したりしましたので、皆それぞれに、進路は決まっていたのでしょうが、仲の良い人以外には話しませんでした。親友の甲斐さんの家は、町役場の隣りに、お菓子と日用品の店を出していましたので、甲斐さんはそれを手伝うということでした。「末ちゃんはどうするの」と聞かれても「まだ決めちょらんき」と答えるしかありませんでした。母にこづかいをねだっては佐伯に行き、洋服の材料を買って帰り、スカートを縫ったりしていました。

初秋のある日、我家に二人づれの来訪者がありました。中学三年生の時の担任の森竹宗人先生と弟の森竹孝之《もりたけのりゆき》さんでした。森竹先生は相変らず中学校の先生をしていました。弟の森竹さんは、働きながら「東洋大学」へ行っているとのことでした。働き先の店で、ご主人が「しっかりした女の子がほしいが、いい子が郷里にいないだろうか」と森竹さんに求人要請をしたようです。大学の夏休みに帰郷した森竹さんは、兄である「宗先生」に相談し、小さな町をめぐりめぐって、行き遅れの私のところへ、東京への就職の話が舞い込んだのです。「東京はちっと遠いのー」と両親はため息をつき、少しの間返事を待ってもらいました。

私は実のところ、どうしていいか分りませんでした。東京は修学旅行で行っただけで、何も知りませんでしたし、頼りになる親せきもなく、友人、先輩も全くいませんでした。かといって宇目町内や佐伯市といっても、当時、はやりはじめたスーパーの店員さんぐらいしか求人はなく、家業の方は、手伝いがあればそれに越したことはないぐらいの感じで、何が何でもという程ではなかったようです。つまるところ皆の意見は「末子しだい」ということでした。

私は思い悩んだ挙句、この話を受けることにしました。高校を卒業したら「自分のことは自分でする」この言葉が身にしみついていたのだと思います。東京なら私のことを、我家のことを知っている人はだれもいない。良いことも、良くない結果も、全て自分次第と考えました。「力だめし」には、もってこいの場所でした。

高校に届けを出し、森竹さんと一緒に、スーツケース一つを持ち、国鉄日豊線の「重岡」駅から、東京まで直通の列車「高千穂」に乗って出発したのは、昭和四十年十月のことでした。

座ったままでの十九時間の長旅の終りに私の目に飛び込んできたのは、丸ビルの明りでした。「東京に着いたんだ」、明日からのことは全く見当がつきませんでした。

昭和四十一年三月、大分県立佐伯農業高校宇目分校を卒業しました。休暇をもらい卒業式のために帰った我家に、式当日「答辞」をお願いしますと連絡が入っていました。母と姉は、大喜びしていましたが、私には合点がいきませんでした。一学期の終り成績は3／22になっていたので一番ではなかったはずなのに、又大学へ進学したわけでもないのに（進学者は結果的にはだれもいなかった）と思いましたが、言われるままに、それらしい文章を考え、巻紙に毛筆で、清書して持参したところ、担任は「よし」といっただけでした。母は「男女共学の高校で、男子を差しおいて答辞を読む子がでけた」と喜んで、ない袖を振って卒業式に出席してくれました。澄子義姉が「末ちゃんは親孝行じゃ」といいました。きっと、そうだったんでしょう。両親の挑戦は大きな一区切りだったと思います。

昭和三十七年度　一年生　和田民子　先生

昭和三十八年度　二年生　吉良　直　先生
昭和三十九年度　三年生　吉良　直　先生
昭和四十　年度　四年生　飯田元善　先生

小学校六年間、中学校三年間、高校四年間、担任の先生初め、専科の先生に多くの事を教えていただき、ほんとうにありがとうございました。中学の時の社会科の吉良先生の弟が高校の二年三年の担任の吉良先生です。ほんとうに良く似た兄弟で、共に社会科を教えていました。小学校の頃、社会の勉強は好きではありませんでしたが、中学、高校では、社会が大好きでした。中でも政治、経済が好きでした。新聞を読んでも基本になっている事の八割は、小学校、中学校で教えているというのは本当だと思います。小学校、中学校は義務教育ですが、高校は任意で月謝を払っての勉強です。両親はじめ、家族の皆に感謝しています。私は後をふり返る性格ではないようです。前へ前へと目がむくようです。自分史を書くに当って、旧友に会ったり、おじさん、おばさんをたずねたりということはしませんでした。ふるさとを旅立った時、「あかみね」の包装紙に、そっとつつんで持っていた「通知表」が唯一の手がかりです。三十四年間私の通知表を守ってくれた、あかみねの包装紙もいまは、ボロボロです。人生の中でこれ程大きく過去を振返ったことはないと思います。学校時代の最後のしめくくりとして、飯田先生は、こんな風に書いて下さいました。

「事にあたってちゅうちょしたり、しり込みしたりせず計画的に自信を持って事を処理する実力があります。どことなく真の強さが、みられます」

「信念があり、絶対愚痴をもらさず、仕事に忠実である。勝気であるが几帳面さがあり、今の努力を一層続けて欲しい」。

独身時代（就職）

私の独身時代は、高校を卒業した昭和四十一年三月から、昭和四十七年一月までの五年十ヵ月間です。東京で働いて、自分の給料で生活をしました。森竹さんの紹介で、東京・巣鴨の円満屋《えんまんや》さんに就職した時のことは、印象が強烈でしたので、今でもはっきり覚えています。この時のことは、後日、ゆっくり書くことにして先を急ぎます。三和金属工業㈱、栄興業㈱、港運送㈱といずれも東京です。

円満屋さんで東京の水に慣れ、三和金属で苦汁をなめ、栄興業で腕を磨き、港運送で花が咲きました。終り。これでは短かすぎますね。

円満屋さんでは店員をしましたが、住み込みでしたので自由時間がなく、憧れていた、文化服装学園に通うことができないことが分りました。部屋を借り昼間だけの仕事を希望して、三和金属に事務として就職したのですが、年配の女性事務員がことごとくいじわるをして、結局やめざるを得なくなりました。気の毒に思った営業の人が栄興業を紹介してくれ、昼間働いて夜は神田神保町の村田簿記学校へ通うことを勧めてくれたのです。その後、安定した事務員を欲しがっているということで、港運送に紹介で入社しました。ここではとても優遇してくれました。いずれも中小企業で知名度の高い会社ではありませんでしたので、故郷の両親は日夜心配していたようです。

母は毎月のように、しいたけや梅干を小包で送ってくれました。その中には手紙と返信用の20円切手が10枚必ず入っていました。母の手紙はいつも、農作業のようすが詳しく書かれていて、自分もお前えに負けないよう働いていると結んでいました。この母の手紙も今でも大切に持っています。私の宝物です。

父から手紙がきました。母の具合が悪いのですぐに帰るようにというものでした。昭和四十四年二月のことです。久しぶりに会った母はまるで別人のようでした。頬はやせこけ顔は土色をしていました。なぜこんなになるまで放っておいたのだと気違いのように言う私に、父は母が知らせるなと口止めしたのだといいました。胃ガンの末期の症状が色濃く現れていました。手のつくしようがありませんでした。親せき中の人が集まって、「早く末子に知らせんといけん、末子がおらん時にもしもの事があると、あの子が荒れ狂うぞ」というので気丈な父もやっと知らせてきたのです。

病床の母が「お前は会社をやめて帰ったのか」と聞くので、「休みを取って帰った」と答えると「もう心配しなくていいから東京へ帰れ」といいました。母は上京してからの私を一緒に住んでいる時以上に心を砕き、心底私の身になって考えていてくれたのです。いつも元気だとしか書かない私の東京での生活の厳しさを、一番知っていたのも母でした。折角良い会社に入れて、頑張っている娘を自分の病気で何日も引き止めておくことはできないと思ったのでしょう。私には母の気持ちが痛い程分りました。明日は東京に帰ろうと思って支度をしていると、指圧のような治療をしている先生が来て、背中を押したりしていました。痛みがはげしいようで、母はうめき声を上げていましたが「父ちゃん、まだ死にとうない」と絶叫して事切れました。

母の顔は苦しみに耐え切った顔でした。母が死ぬまで心配していたのは、子供達のことだったことは誰もが知っていました。勇兄はもう全く働くことができなくなっていましたし、冨子姉は結婚はしたものの少し頼りなげな夫で自分は体が弱く小さな子供を連れて苦労していましたので心残りだったのです。

見舞いに帰ったまま、葬式になってしまいました。涙を流す暇は見つかりませんでした。葬式の間は歯をくいしばって働きました。勇兄や冨子姉の分までと心に思いながら働きました。涙があふれてきたのは、東京へ帰る列車の中でした。涙が次から次から出てきて止まりませんでした。昭和四十四年二月十五日が母の命日となりました。私は二十二歳で、人生の最初の大きな悲しみでした。

東京に帰った私は四畳半の部屋の片すみに置いた机の上に母の写真を飾り、小さな花びんに花を活けて暮しました。港運送に勤めながら、村田簿記学校へ通っていました。この頃には上京した当時ひそかにいだいていた、デザイナーへの夢は微塵もなく、ひたすら税理士への道をすすもうと考えていました。確実な方が良いと考えたのです。夢だけでは生きていけないのです。夢は夢、私は生涯一人で生きてゆくのだからと思っていました。

神田、神保町にある村田簿記学校の夜間の短期に「速成科」がありました。夜七時から始まり九時までの二時間の授業を三ヵ月で修了します。速成科修了で、全商（全国商業学校検定）の簿記三級位の実力がつきます。希望すれば学校を通じ申し込み検定を受けることができました。このクラスは、社会人が多く、中には商店の若奥さんらしい人が、きもの姿で通っていました。近くにある「日大」や「明大」の学生さんも、通ってきていました。大学の商科を卒業すると、税理士の受験資格はできるのですが、簿記だけは実際に教わらないとできないといっていましたので、私は大学のことは知りませんので、そんなものかなと漠然と感じていました。学校を通じ三級の申込をしたのを覚えています。

働きながら勉強するのは結構大変です。高校までは親がかりで何の心配もいりませんんでしたが、村田簿記学校の月謝は少ない給料の中から、自分で払ったので真剣でした。水が砂に浸み込むように吸収することができました。「入金伝票」「出金伝票」「振替伝票」の記票から「仕訳帳」「総勘定元帳」「現金出納帳」「銀行勘定帳」「経費明細帳」「得意先元帳」「仕入先元帳」への転記、試算表の作成と進み、複式簿記が一とおりできるようになりました。当時事務員は「一般事務」「経理事務」といった募集でした。三級を持っていれば一般はほぼ大丈夫ということでした。

独身時代（出合いまで）

「東京は生き馬の目を抜くっちゅうに末ちゃんは、よう一人で生活しきるのう、えらやのー、うちどうは東京はいききらん」

「なしえ（どうして）」と聞けば、澄子義姉は「東京はおじいじゃあ（こわい）」といいます。

澄子義姉は、大変頭の良い人でした。色々なことを良く知っていました。夏休みなどで帰省した私に、就職後の宇目町の様子や、親せきのことを教えてくれました。私の就職を機に父は家督を兄にゆずっていましたので、家の切り盛りは智貞兄夫婦がしていました。澄子義姉は「しょわしい（忙しい）」「しょわしい」が口ぐせで、三百六十五日「しょわしい」人でした。

東京は「すごいところ」です。何がすごいかと聞かれれば、「何もかも」と答えるしかありません。「ピンからキリまで」を実感せざるを得ませんでした。宇目町にいた時はピンの人も、キリの人も暮しぶりが大方想像できたのですが、東京の場合は計り知れませんでした。「雲をつかむような」とか「ぬかるみにはまった」とか体験したこともない言葉を実感できるところです（体験したことはありませんが）。

宇目町では学校の先生の子どもとか、町長さんの子どもとか、ほんの一にぎりの人しか行かない大学の学生も、東京には掃いて捨てる程いたし、お金もちもたくさんいて、その桁《けた》が違っていました。逆にとめどない程の貧乏人もいたし、更に乞食までいるのですから。

東京での生活の中で、初めて合格したのが全国商業高校主催の簿記検定三級でしたが、自分の働いたお金で月謝を払って勉強して得たものでしたので、格別のうれしさでした。ささやかな自信がついたのもこの時でした。少しずつランクを上げて勉強しました。港運送で優遇してくれたのは、経理ができるからという理由でした。少し道草をしましょう。

港運送は正しくは「まるえす港運送株式会社」といいました。東京都港区にすでに港運送として届け出ている会社があり、営業許可がとれないため頭にまるえすを付けたということでした。トラックにⓈと書いて走っていました。初代社長は父と同じ年の明治生れの人でした。リヤカーを引いて運んだ時代を経て、小型トラックを買い、得意先の拡大とともに2トン車、4トン車と増やしてゆき、私が就職した時は、従業員20名程の株式会社でした。二代目社長は、昭和三年生まれでしたので、実家の智貞兄よりは一つ年下でした。

港区芝に本社ビルを持ち、近くに自宅兼用の駐車場も確保していて、永年勤めた子飼《こがい》の運転手の中には夫婦で住み込んでいる人もいました。主な得意先の一つにTBS（東京放送）がありました。「8時だよ、全員集合」などの公開放送の時、公会堂に、大道具を運んだりしていました。時折舞台裏から見せていただくこともありました。会社として経営内容も良く、利益も上っていました。二代目社長は理想家でした。本社ビルを一早く建てたり、意欲のある人には免許取得の時間を与えたりと積極的でした。そんななか身内とパートで担当していた事務を事務員を採用し、電話番と帳面つけをさせたいと考えて、新聞広告を出したり、本社ビルの一階に事務員募集の貼り紙をしたりしていたのですが、運送会社というだけで若い女性はこなかったということでした。私は面接に行ってみて、自分の判断で決めました。栄興業では、お茶くみと電話番と航空券の手配ができれば良いということで、やさしい仕事でしたが給料も安かったのです。

港運送では「こき使われた」といいたくなる程、仕事が山程ありました。電話は頻繁に鳴るし、当然出入は多いし、人も様々でした。

「あ・うんの呼吸」というのがありますが、事務所の中は、得意先によっては声と「あそこ」だけで判断して配車するなど活気に満ちていました。

入社してしばらく経った頃、約束した金額より多く給料袋に入っていましたので給与明細を見たところ手書きで「経理手当」と表現していました。運送会社は「サービスの提供」が売り上げです。商品の仕入れはありません。「車が走った」ことが売り上げです。運転手が帰社して走行キロと行き先等を書いたものから伝票を起こしていたのですが、私が入社してからは、電話を受けたと同時に、配車指示票を起こしそれに走行キロを記入できるようにしたのです。今まで一月終って整理をしていたので、字を書くのが苦手な運転手は、うっかり書くのを忘れてしまったりしていたのを、走行キロを記入するだけで良くなったため整理が早くなったことと請求もれがなくなったのです。それが給料が多く封入されていた理由でした。社長は「織田信長」みたいな人だと思いました。そんなある日、現金出納帳を記帳していたパートの女性が、「専務さん（初代を社長と呼んでいたため）、これは何費に入れたらいいの、○○荘と書いてあるけど接待費か交際費か迷っちゃうんだけど」といった瞬間、二代目社長はあわてて、「それはいい」といって領収証をひったくりました。二代目社長の顔はもちろん首まで真赤になっていました。「うふふ」道草はこれでおしまい。

東京はいいところです。本でしか見ることができないことが実物で見れるし、食べるところはたくさんあるし、人はいっぱい住んでいるし、何よりいいのは女性が毎日美しく暮せるということです。若い私には、まずい水道水と狭い部屋での暮しを上廻る魅力でした。

龍宮城にいった浦島太郎も、かくやと思うほど楽しみました。会社へ行き、村田簿記学校（昭和四十四年十一月十四日付、夜間・専攻科授業料五五〇〇円、校費五〇〇〇円でした）に通いながらも、休みの日にはボーリングに行ったり、デパートに洋服を見に行ったりしました。安い給料を不足に思うことはありませんでした。父の教えを守っていたからです。

父は良くこういっていました。「上見てはげめ、下見て暮らせ」と、こうもいいました。「末子のう、ここに真珠の指輪があろうが、ひとつはの本物でひとつはの偽物ど、この指輪をの、今のおまえが本物の指輪をしても世間の人は本物と思わんど、ほいじゃけんど、偽物の指輪を美智子さま（皇后さま）がしちょったら、だれも偽物と思う人はおらんど」。

分相応に暮しなさいという意味の私には大変分りやすい教えでした。未だに高価な、きらびやかなものには興味がありません。もし私に「とりえ」があるとしたら、貧乏ぐらしには絶対の自信を持っているということです。

東京都港区に「港区青年館」がありました。港区在住もしくは港区勤務の若人に利用してもらうのを目的に「話し方教室」「生け花教室」「英会話教室」「卓球教室」「ダンス教室」など無料で開催していました。

会社（港区芝二丁目）と学校（神田神保町）とアパート（足立区伊興町）のトライアングルの暮しに疲れが見えはじめた私に、社長が少し息ぬきでもしたらといって教室に行くことを勧めてくれました。「話し方教室」と「卓球教室」に行くことにしました。

「話し方教室」と「ダンス教室」に相澤健二さんという人がきていました。この人が私の独身時代に終止符を打ったのです。

東京にも神様がいたのですが、東京の神様は、宇目町の神様と違い、少しおっちょこちょいで、出雲よりは遠いため、少し手抜きがあったように思います。神様のいたずらも、こわいものの一つに挙げられます。

「小学校時代」のところでも書きましたが、私の兄弟は四人ですが、戸籍謄本では五女となっていました。成長するにつれ疑問に思っていたことが、少しずつ分りました。私の両親はいとこ同士の結婚でした。その両親もいとこ同士の結婚ということでした。同族間の結婚ということです。そういえば両親の故郷の西野浦には「磯貝《いそがい》」と「久寿米木《くすめぎ》」姓の家が多いです。一番近い関係の親せきに、母の弟（磯貝治正《はるまさ》さん）と父の妹（磯貝初子《はつこ》）の夫婦がいました。私のおじさん、おばさんの夫婦です。子どもは長女ツヤ子さん、二女和美さん、長男勇治さん、二男昭夫さん、三女正子さんと五人いましたが、末っ子の正子さんが五歳の時病死しましたので四人となりました。おじさん、おばさん夫婦は共に大柄な人でした。私の両親は共に小柄でした。子どもの人数は両家とも四人でしたが、我家は勇兄が障害者でしたし、学校卒業まで元気だった冨子姉も、体が丈夫な方ではなく成人のあと少しずつ視力、聴力ともにおちてきて、人並の勤めができなくなっていました。四人の兄弟のうち二人も障害者になってしまいました。

「治正おじさんと初子おばさんがたはみな元気じゃあに、どげんしてうちかただけ、弱いんじゃろか」と、ぽつりと言った時、頭の良い澄子義姉が、「末ちゃんのお父さん、お母さんは、いとこ同士の結婚で運の悪い方の芽がでたんじゃろよ」。といいました。更に「学校でメンデルの法則っち習うたじゃろ、えんどう豆のあれと同じじゃわ」とつけ加えました。劣性遺伝ということです。

ではなぜそんなに同族の結婚をしたのかと思いましたが、一つには財産を他国の人に分けたくなかったからだとか、どこの馬の骨か分らない人と結婚すると心配だからとか言っていましたが、本当のところは分らずじまいでした。後で分ったことですが、それでもこりずというか、私の嫁ぎ先もいとこの勇治さんにと、親同士で決めていたということでしたのでおどろきます。

智貞兄は血縁のない日高澄子《ひだかすみこ》さんと結婚し四人の子を授かりました。長女あき子ちゃん、二女貴美子さん、長男長松さん、二男真須雄さんです。四人共、元気で頭の良い子供達ですが、長女あき子ちゃんは小さい時、家の前の川に落ち水死しました。智貞兄と澄子義姉の悲しみはいかばかりかと思いました。

智貞兄の結婚の時は、勇兄も冨子姉も元気でしたので問題はなかったと思います。

勇兄は障害者で生涯独身でした。

冨子姉は佐伯市に住んでいる尺間山（修験者の信仰を集めている山）の修行をしたという女性の紹介で、床木村《ゆかぎむら》の御手洗常吉《みたらいつねよし》さんと結婚しました。常吉義兄は善良な人だったのですが、父は、建設作業場の人夫をしていることと、葉書一枚こない（字を書いたのを見たことがない）といって気に入っていませんでした。

私は、ひ弱なえんどう豆を想像し、冨子姉の結婚の様子を見ていましたので、結婚ともなると、自分だけの問題では済まなくなるので、結婚はすべきではないと思い続けていました。

昭和四十二年に成人式を迎えましたが、当時、世の中では「永久就職」という言葉が流行っていて、結婚の代名詞でした。又、未婚のままいい年になった女性を「行かず後家」とか「オールド・ミス」といい、離婚して実家に帰れば「出戻り」などといわれました。

スズ子叔母さん

スズ子叔母は父の二番目の妹です。

JR日豊線の「南宮崎」の駅から近い場所に、「すずや旅館」を営んでいました。色白なきれいな人で、従兄弟達は「すず子おばん」と呼んでいました。

いつのことだか覚えていませんが、故郷からの帰り道に立ち寄った事があります。

「末子が来ちょるというが、どこにおるかえー」と奥の方から声がします。「はーい」と返事をしました。

「おう、すーちゃん、よう来たなあ」と言って私の頭から、顔から肩まで、まるでお地蔵さまを洗うみたいに撫でまわし、「かわいや、かわいや」と言ってくれました。よもやま話をしているとき、つと立ち上がり、自分の部屋に行って箪笥をがたがた調べて何かを取り出しました。そして私のところに戻り、「手を出してみぃ」と言います。

手を出すと「かわいやのー」といって、手のひらに何か固いものをにぎらせてくれました。見ると指輪でした。
「昔、大連で買うたもんじゃけん、たいしたもんじゃないけん、すーちゃんにやる」と言います。私はびっくりして辞退したのですが、「遠慮せんでいいきのー、すーちゃんには何もしてあげなかったきのー、かたみじゃと思うて、受け取っておくれ」と言います。そばで座って見ていた従兄弟の「嘉千代」兄さんも笑いながら
「お母さんが、そんげ言うんだから、受けとっちょればいいことよ」と言いますので受けとることにしました。東京に戻った私は、このことを父あてに手紙を書きました。

その指輪は、紫色の大きな石がプラチナ台にはめ込まれた立派なもので、細工はおおまかなものでしたが存在感のあるものでした。

「今日はこれを決める」という時には指にはめ、気合いを入れたものです。

スズ子叔母が「加勢」をしてくれていると感じ長く愛用したものです。勝負服ならぬ、「勝負リング」となりました。

結婚

昭和四十七年一月三十日、港区神谷町にあった、東京農林年金会館（現在は神谷町トラストタワーとなっています）で、私磯貝末子（二十四歳）は、相澤健二（二十二歳）と結婚式を挙げました。両方の家族、親せき、友人等四十三名で、仲人は山田観次夫妻（健二の叔父夫妻）でした。

式は会館内の神前で行い、続く披露宴も会館内の部室で行いました。ささやかな献立でした。仲人は立仲人といって式の日だけの仲人でした。式が終ってお祝儀袋を開き、それで費用を支払いました。ほっとした私達の手許には、九州大分までの往復ぎりぎりのお金しかありませんでしたが、大分、宇目町の人達にあいさつをしなければなりませんでしたので、式に上京してくれた、父と智貞兄夫婦と治正叔父夫婦に一足遅く九州に着くよう、新幹線で陸路を帰り、私達は川崎からカーフェリーで日向《ひゅうが》に渡り、日向から宇目町上仲江の実家に行きました。新幹線を利用して、一足先に戻った父は、兄夫婦の計らいもあり、実家で披露の準備をしてくれていました。ワンピース姿の私に気付いた久寿米木フミ子さんが、

「おりきおばんが生きちょったら、末子にワンピースのままにはさせん、おばさんへの恩返しと思うちょるけん」

と言って自分の娘さんの振袖を着せてくれました。

「おりき義姉さんが生きちょったら、どんだけ喜んだか知れん」

と言って母の写真を衿元にしのばせてくれていたのは初子おばさんでした。

我夫はかなりの酒好きで、大きめのおチョコにつがれるのを律儀にのんでいましたが、

つげばつぐ分返ってくる「ご返盃」に流石に閉口しているものの、ズラリと盃を並べてニコニコしていました。

「兄いのー、兄い家《かた》に、ええ酒飲みの婿さんがでけたもんじゃのー、楽しみが良かろうが」と治正叔父さんが言えば、父も

「おお、治正ええ、ぬしには負けんかも知れん」と笑っていいました。父は酒は飲めませんでした。治正叔父は底なしと言われた酒豪でした。酒宴は延々と夜中まで続いていました。

ご祝儀は全て兄夫婦のもので、私達には一円もきませんが、費用の方も一円も出さないで良いということでした。損はしても儲けてはいけないということでしたので、東京で挙げた式より派手な披露となりました。

結婚式に先だち、互いの家族を訪問した時のことは忘れません。主人の姉さんには「まだ若いのに、兄弟に障害のある人と結婚することはない」と反対されましたし、私の実家

は実家で父が、若いサラリーマンでは給料が安く食べて行けないのではないかと心配しました。又「犬猫の子をもらうわけではないので、きちんと筋の通ったあいさつをしてほしい」と色々注文をつけましたので、夫健二は叔父の山田観次さんに父あての手紙を書いてもらったり、結婚式の前日、レンタカーでマイクロバスを借りて、上京してきた智貞兄夫婦と治正叔父夫婦を東京見物に連れて行ったりしました。

夫　相澤健二はこんな人

昭和弐拾四年九月二日、栃木県那須郡東那須野村大字大原間四百六十八番地で、父、相澤重文（明治四十二年三月二十日生）と母、相澤はじめ（明治四十四年八月一〇日生）の二男として出生、父相澤重文届出、同月五日同村長受付同月拾参日送付入籍、本籍は、東京都豊島区西巣鴨二丁目六百五十番地。

私立マハヤナ保育園、豊島区立西巣鴨小学校、豊島区立大塚中学校、私立聖橋《ひじりばし》高校を卒業後、目黒区に本社のあるニューエンパイヤモーター㈱に二年勤めた後、港区に本社のある㈱ヤナセに勤めています。

家族は父重文《しげふみ》、義母きよ、長姉弘子《ひろこ》、二姉重子《しげこ》、長兄重一《しげかず》、三姉光恵《みつえ》（敬称は略します）と健二の七人でしたが、姉三人はすでに結婚し、長兄重一と健二の男二人が独身でした。長兄重一と三姉光恵は同じ昭和二十年生まれでした。

健二の実母「はじめ」さんは大変しっかりした働き者で、今住んでいる西巣鴨の家や土地を入手するとき詐欺にあってしまったのですが、山田兄弟の協力を得て、二重に支払って手に入れたものだと叔母の神山みつ江さんが教えてくれました。働きすぎで、最後は乳ガンで亡くなったそうです。この時健二は小学校五年生でした。しばらく親子五人で暮していましたが「弘子姉」「重子姉」の結婚とほぼ同じ時代に、再婚したそうです。多感な年頃の出来事で、その上父重文が戦争で体をこわして帰り思うように働けなかったので、経済的に苦しく、いつも兄弟げんかばかりしていたといっていました。

私が知り合った頃は、高輪にあった独身寮から本社の芝浦に通勤していました。

勤め先の㈱ヤナセでは、エンジニアとして芝浦の本社工場で「ベンツ」の整備の仕事をしていました。

「ベンツのエンジンをばらして、組立てている時が一番楽しい」といっていました。

小さい頃から、物を作ったりするのが好きで、小学生の頃、げたの先に電球をつけて、「発明少年」とかで少年雑誌に載り、内幸町のＮＨＫに出たことがあるとか、中学生の頃には手作りでゴーカートを作って、家の前の坂道をころがしたりしたとか身びいきの叔母さんが教えてくれました。

職人の子せがれで、短気なので手袋などはしていられないといって、素手でエンジンを組立てていたので、爪はいつもオイルで真黒でした。深爪になる位、短く切っても、化学石けんを使っても落ちないといっていました。そんなわけで背広よりもブルーと白の縞に胸と背中に大きくベンツのマークの刺繍がしてある、つなぎの方が良く似合っていました。

整備の仕事は○と△と×を票に記入するだけで良いので、字を書くのがきらいな自分には合っていていいといっていました。

旅が好きで、リュックを背負い、東北や北海道へ時刻表を片手に出かけていました。酒は冷や酒があればいい、肴はあぶったいかでいい、女は無口な方がいい、（八代亜紀さんの歌の文句そのままではないかと思う）といいました。

趣味の能面彫り

新婚生活

新婚生活は、私が借りていた足立区伊興町見通《いこうちょうみとう》りの木村アパートの二階の四畳半に、健二さんが身の廻りの生活用品を持って引越して一緒に住むことでスタートしました。台所、トイレは、二階に四つあった四畳半の住人の共同でした。ガスコンロは四つありましたので、ガス代については明朗会計でしたが、水道代は頭割の会計でした。電気のメーターは部室ごとに付いていたので問題はありませんでした。家賃は五阡円でした。一人でも狭いのに二人になったので窮屈でした。その部室で5ヵ月暮しました。一階には大家さんの弟夫婦と一人者の部室が二部室ありました。大家さんの弟夫婦の奥さんは管理人の仕事をしていましたので、小包みを代りに受け取ってくれたり、共同部分の掃除などをしていました。六ヵ月目にこの管理人夫婦が家を建て引越すことになったので、その部室を借りることにしました。二階から一階への引越しはバケツにロープをつけ、二階の窓からつり下げたのを、一階の窓から受け取ってあっという間に終りました。四畳半と三畳と、専用の台所ができましたので二人の暮しには充分でした。風呂は近くの銭湯に行きました。

東武日光・伊勢崎線の竹の塚駅から港区芝浦まで、通勤時間は一時間十分でした。最初は一緒に出て、浜松町駅で待ち合せをして一緒に帰るようにしていたのですが、結婚して初めての給与明細を見てから、健二さんの帰りが徐々に遅くなりました。手取額では一万円程私の方が良かったからです。そのため、健二さんは積極的に残業をするようになったのです。結婚して三ヵ月位経った頃「相澤、お前この頃目が血走っているぞ」と工場長に言われたそうです。

申し合せをしたわけではなかったのですが、自然に食事の支度や掃除洗濯などは私の方がするようになり、私の方は残業などはできなくなりました。一年もしないうちに、総支給額も、手取り額も健二さんの方が多くなりました。それでも結婚式の費用のことや、部室を借りた時の費用等、負い目に感じていたのかよく「今に見ていろ」といいながらビールを飲んでいました。

東京に住んでいるというだけで、地方に住んでいる人に優越感を持っている妙な人種がいます。一線を引くと人格的に劣る人のようです。人格とは家柄や社会的地位とは関係なく、その人の基本的な生き方や考え方を差すものと私は思います。

そういう意味で健二さんは人格者でした。物事を良く見ることが出来る人でした。神山みつ江叔母さんの助言もあって、西巣鴨の健二さんの実家の二階に同居するようになってから、「えっ」と驚くことがたくさんあったのですが、それは些細なことばかりで我慢ができるものばかりでした。

健二さんは、二男でしたので実家の父は自分と同じなので喜んでいました。家督を継がない代わり「腕しだい」と生きてきたので、健康で体格も良いので働き次第と期待をかけていたのです。親と同居することになったといった時、反対しましたが、それでも娘が同居することになった時「しいたけ」を手みやげに九州から上京し、相澤の義父にあいさつをしてくれました。健二さんが義父（舅）に「今度、一度九州の末子の家へ行ってみようよ、旅費はおれが出すから」といったのに義父（舅）は、「そんなお金があったら、天理教のお山（天理市にある本山）に行った方がいい」と答えました。義母（姑）に至っては論外です。

逃げろ!!

「逃げろ、逃げろ」と頭の奥からもう一人の私が命令します。

預金通帳と印鑑と着がえを持って都電荒川線の庚申塚の停留所まで走るのです。後から誰かが追いかけてきます。つかまえられそうになる瞬間に、チーンと音がして都電のドアがしまります。国鉄山手線の大塚駅で、切符を買おうとして窓口に行くと、窓口の向うで健二さんが「どこまで」と無表情でいいます。

昼寝をしていると、良くこんな夢を見ました。竹の塚にいた時は共稼ぎで昼寝どころではなかったのですが、西巣鴨の実家の二階の六畳間に移ってからは、昼寝をする時間ができたのです。六畳一間では掃除もすぐ済むし、七年勤めた、まるえす港運送㈱も退社していましたので、こたつに入っていると、うとうとと眠ってしまうのですが、見るのは逃げる夢でした。会社を退めたのは、二度流産をしたためでした。昭和四十九年一月のことでした。この頃は財布の中をのぞくのが一番こわい事でした。

子育て（出産）

昭和四十九年十月八日、午後二時五八分、都立大塚病院の手術室で長男が誕生しました。手術室に響き渡るほど元気の良い産声でした。

看護婦さんが「元気の良い男の赤ちゃんですよ」と教えてくれました。直後、全身麻酔を打たれ眠ってしまいました。

健二さんは、手術（帝王切開）の念書にサインをした時「子供一人満足に産めない」とぶつぶつ言っていたのも忘れ、大喜びで祝杯を上げ、皇居のお掘りに落ちそうになるまで飲んだそうです。名前を考えながら、ぶつぶつ言いながら千鳥足になるまで飲んだそうです。

「健太郎」と命名しました。健一、健吾、健介、健吉、健太といずれも「健」の字が付けられていました。私も健康に育ってほしいと思いましたし、男の子が生まれたら「太郎」がいいかなと思っていましたし、健の字は父の一字を取ったものなので大賛成でした。病院にいる時から、他の新生児の倍ほどミルクを飲みますので、寅年生まれの寅ちゃんにした方が良かったかなと思ったりしました。生まれた時の体重は３３３０ｇ、身長は51㎝でした。

二週間で退院しました。帝王切開でしたので傷が痛いのと子宮収縮の両方の痛みがきつかったのですが、健太郎を抱いた時、ずしりとここち良い重さを感じたものです。退院してからは目のまわる忙しさでした。手伝いもなく全て一人でしなければならないからです。退院した翌日には「重子義姉さん」が「千穂ちゃん」の手を引きながら来てくれ、食事の支度とおむつ洗いをして帰りました。食事の支度もさることながらおむつ洗いは完璧で感心しました。重子義姉さんは「あゆみちゃん」（長女）と二人の女の子を育てていました。二人共両親の良い所を受け継いだいい子です。

次の日は「光恵義姉さん」が来てくれましたが、少し違っていました。ただ独身時代に母が他界していましたので、二人の義姉さんが来てくれたのにはうれしくて、感謝しました。一週間だけ交代できてくれましたが、それ以上は申し分けないので自分ですることにしました。

産後はお風呂に入れず、お腹にさらしの腹巻きをしたままパジャマを着て、その上にセーターとだぼだぼのスラックスをはいて、垢では死なないと覚悟を決めて必要最小限のことだけして過ごしました。一ヵ月健診に行って「もう大丈夫でしょう」と言われ、入浴した時の爽快さは飛び切り上等でした。

九州大分の実家には、写真を送り報告しました。前年流産をしたのを心配していた父は健太郎の写真をみて喜んでくれました。

「お前の子どもにしては出来すぎちょる。一日も早く顔を見たいが、遠いきの、来年暖かくなったら戻っちくりあ、いいことよ」といいました。翌年春になり、ゴールデンウィークを利用して、健太郎の顔を見せに九州大分へ行きました。七ヵ月目に入った健太郎は丸々と太って元気よく、ミルクも良く飲んでいました。

智貞兄が千束に買いものに行くというので離乳食用にりんごを頼んだら、どっさり買ってきました「なんぼじゃった」と金額をきくと「いいことよ、健に食《く》わしい」とお金は受取りませんでした。その翌日、信じられないことが起きたのです。東京組が戻ったからといって、茶の間で、皆と一緒に団欒している時、ビールをひと口飲んだ智貞兄が後向きにバタンと倒れました。皆があっけにとられていて声をかける間もなく、みるみるうちに顔が紫色になり口角からあわをふき出して、大きく息をひいひいしました。「智貞、しっかりせんか」とかけよった父に、返事はなく、兄はそのまま亡くなってしまいました。大急ぎで呼んだ町のお医者さんは、死亡確認にきたようなもので手を打つことができませんでした。昭和五十年四月二十九日天皇誕生日の日でした。四十九歳の若さで父に先立ちました。

昭和五十三年二月十四日、午後十時三十二分、都立大塚病院の手術室で二男が誕生しました。看護婦さんに、担当医が「早く吸い出して」「早く早く」と指示しています。ぱちぱちたたいている音もしていましたが、ややしばらくして産声が上りました。弱々しい声でしたが、看護婦さんは「大丈夫ですよ」と言いました。お腹を切るはさみの音、肉の焼ける臭い、ぼんとお腹を引っ張られる感じでうなっていた私は間もなく、全身麻酔に切り替えられ眠ってしまいました。麻酔が切れた私に「赤ちゃんは大丈夫ですよ」という声だけが聞こえました。詳しい説明を聞いたのはしばらく後からでした。歩けるようになった私は、保育器に入っている我子にガラス窓越しに面会しました。仮死状態で生まれたのです。臍帯が首に巻きついていて、羊水をたくさん飲んでいて産声を上げることができなかったのですが、手当が良く一命をとりとめたのです。体重は３４６０g、身長は52㎝でした。

「康行《やすゆき》」と命名しました。この名前は健太郎がつけました。健吉、吾一という名を考えていた健二さんに、そんなに健ばかり付けてどうするのだと聞くと「三健でトリオを組むのだ」といいます。この時は笑えませんでした。

健太郎は、この時、マハヤナ保育園に行っていました。保育園は私立の仏教系の保育園で、創立60年のお祝いをした時は、親子二代で通園したからと、健二さんも招かれました。その時の健太郎の友達「やすゆきくん」がいて仲良くしていましたので、健太郎が「やすゆきにする」といいましたので、やすゆきくんのお母さんの田中京子さんに断ったところ、喜んでくれましたので決まりました。

「康之」「康幸」という字も考えたのですが、健二さんが「之」は書きにくいといい、「幸」は男の子だからやさしすぎるというので、「康行」となりました。

長男、二男の名前を並べてみると、二人合せて、「健康な太郎が行く」と読めます。私は健太郎に負けない、いい名前と思い大変気に入りました。二人の男の子に恵まれたのです。康行は私の退院後、小児科へ一ヵ月入院しました。私は毎日康行に会いに、健太郎の手を引いて大塚病院へ通いました。

康行の出産の時、九州大分から亡くなった母の妹の浜田花江《はなえ》叔母さんが、健太郎の世話に上京してくれました。実家の父が、花江叔母さんに頼んでくれたのです。長男を連れて大塚病院に入院するわけに行かないからです。健太郎が慣れないといけないので、予定日より早めに来てもらいました。

花江叔母さんは、小学校の頃、通学の途中足をすべらせ、体を負傷したのが原因で、子供ができませんでした。一度結婚したのですが離婚し、中年の頃佐伯の病院で知り合った浜田和彦さんに大そう気に入られて、和彦さんのお父さんと再婚し浜田姓になりました。その後浜田さんも亡くなり、しばらく婚家の浜田家で一人暮しをしていましたが、年金をめぐってトラブルがあり、年金手帳をしっかり持って西野浦の実家に帰って、優雅に一人ぐらしをしていました。花江叔母さんは快く引き受けてくれ、佐伯から寝台特急「富士」に乗って上京してくれました。一人で東京まで来たと自慢をしていました。

花江叔母は賢い人です。よく自分を知っている人です。慣れない東京で見事、役目を果たしてくれました。「健太郎ちゃん」「健太郎ちゃん」といいながら、健太郎が何かひとつするごとに「健太郎ちゃんは、なし、こげん上手にするんじゃろか、えらいなー、おばちゃんはびっくりした」とめがねの奥からにこにこ笑いながら相手をしてくれました。

母には兄弟が「治正《はるまさ》」「長三郎《ちょうざぶろう》」「花江《はなえ》」「良江《よしえ》」（敬称略させていただきました）と、四人いました。私の叔父さん、叔母さん方です。大変可愛いがっていただきました。お顔を見たことはありませんが、もう一人叔父さんがいました。

その人は「磯貝弥吉」といって母の弟でした。太平洋戦争で、戦死しました。花江叔母さんの手紙は次のとうりです（おばさんの書いたとおりに忠実に紹介します）

【花江おばさんの手紙】

末ちゃんお便りありがとうございました。

色々書きたいことばかりです。

戦死した兄さんは「弥吉」と言ってね　それはお母さんのじまんの人でした。元気ものでとても字が上手、また声は次だけど節廻しの良い唄のうまいあんちゃんでした。大正八年生れ三月頃です。昭和十九年五月頃と思います。けっこんして式をして一週間もたってなかったと思います。チョウヨウレイと言ふしらせに出て行ってしまいました。軍属と言ふのに…　その時話はあまり分かりません。ゆそうせんでやられて海にしづんでしまったらしいの

お母さんは海のシヲをのんで死んだのだからお水をお供えしなきゃぁと何時も話してゐました。一番元気な子を取られてと話してゐました。

私の生まれる四十ヵ月前の事です。胸がつまる思いでした。

花江叔母さんは、一ヵ月後、九州大分へ帰りました。私の知らないことをいろいろと話してくれました。

康行はなかなか元気になりませんでした。産休が終る一週間前に会社に電話しました。

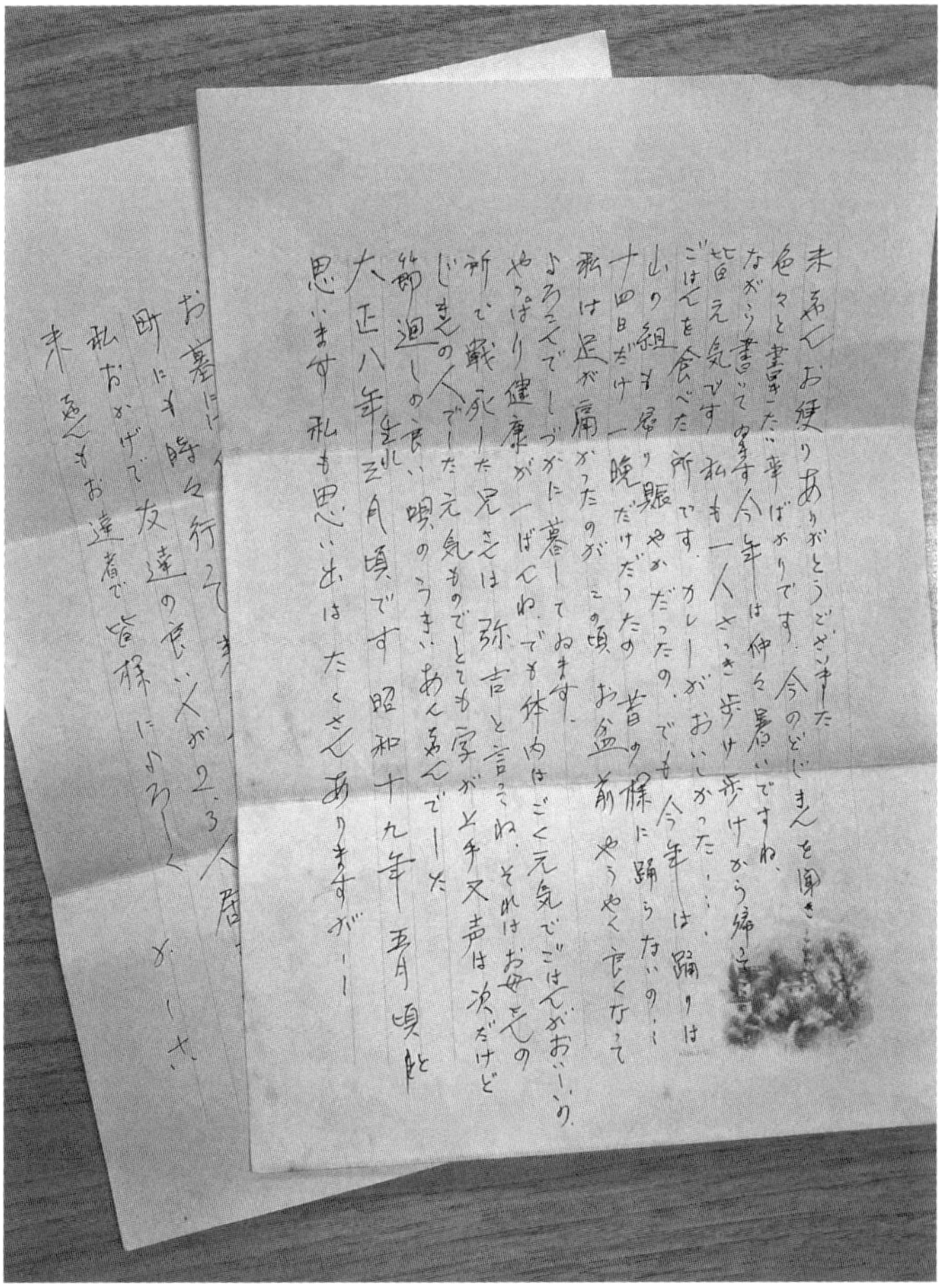

花江叔母さんの手紙

第一生命保険相互会社に入社

第一生命保険相互会社で働かせていただくことになりました。私の仕事は外勤職員ということです。後に分かったのですが、総合職や内勤職員と大まかに分かれていて、外勤職員の仕事は生命保険の契約を取ることです。営業職員とも言いました。

長男健太郎が生まれてから、仕事がしたいと思っていた矢先、若い女性二人連れが我家に訪れ、「この地区の担当です。一緒に働きませんか?」と誘われたのです。一人は私と同じ位の年齢の爽やかな女性で、もう一人の方は、ちょっと取りつきにくい雰囲気の方でした。私は第一生命のことは週刊誌で読んで知っていましたので、事務所に行きお話を聞いてみることにしました。

「『勤務証明』ならすぐに書いてあげますよ」との巣鴨中央支部長の言葉に「明日から行きます」と返事をして家に帰りました。

健太郎を保育園に入園させるには「勤務証明」が必要だったのです。

私が初級過程試験（生命保険協会主催）を受けて職員登録をしたのが、昭和五一年十月五日。39歳でした。それ以来、平成十三年現在の本書執筆時も在職中です。有名な金融機関で私の説明は不要と思いますのでこれ以上の記述はいたしません。厳しい仕事ですが、良い点も多くあります。

仕事のこと

「相澤さん、お子さんの担当の先生に診断書を書いてもらって、僕あてに郵送して下さい。心配しないでゆっくり休んでください。赤ちゃんを大事にしてください」と電話で即答してくれたのは、第一生命保険相互会社、池袋支社・巣鴨営業部の中西副長でした。

「相澤さんの場合は、産休明けより二ヵ月間看護休暇が取得できます。ただ看護休暇の期間は無給ですが、出社できるようになった場合、休暇取得直前の資格に戻ります。診断書を受け取りましたので、手続きをしておきます。ゆっくり休んで康行ちゃんのお世話をしてください。健太郎ちゃんは元気ですか?　二ヵ月経ったら連絡を下さい」

　思いあまって藁にもすがる想いで電話した私に、返ってきた返事はまことに見事なものでした。できるだけ長くこの会社で働きたいと思ったのはこの瞬間《とき》からです。

康行が生まれた昭和五十三年には「育児休暇」はありませんでした。

第一生命での私の仕事は、生命保険の募集です。支部での日常は魑魅魍魎がうやうやといて大変なところですが、一流と言われる会社は、言われるだけの理由があると実感しました。

子育て（広がり）

「子育てに勝る事業なし」誰が言った言葉かは知りません、ご存知でしたら教えて下さい。

健太郎と康行は小学校入学まではマハヤナ保育園に通いました。康行だけは私と一緒にお腹にいる時から働いていましたので、池袋乳児室、豊島区立巣鴨第一保育園、二歳からマハヤナ保育園となりました。

保育園に通うようになって、多くのお母さん方と知り合いになりました。今の私が大切に思っている人達は、ほとんどといっていい位、健太郎と康行の友達のお母さん方です。

子供は夢も、友人も連れてくるものだと思いました。いいことばかりではありませんでしたが、できるだけいいことばかり見て過ごすようにしました。

幸い二人共、元気でしたので良かったのですが、健太郎と康行は全く違った個性で、同じ親から生まれたとは思えませんでした。

健太郎は名前のせいか、すぐ覚えられ「健太郎くん」「健太郎くん」と人気者でした。

康行は覚えにくい名前のように思い考えたすえ「やんやん」と呼んでいましたら、小さい子には覚えやすかったようで、すぐ覚えてもらうことができましたが、どういうわけかいたずらがきつく少し困り者でした。

「お母さん、やんやんがねー」と保母さんが言った時は、またなにかしでかしたなと、思いました。

「あなたのお名前は」と歌いながらたずねると皆自分の名前を答えていい子ですが、康行の番になると

「あなたのお名前は」
「ぼく、やんやんもん」と平然と答えていました。

マハヤナ保育園は、

二歳児（ひよこ組）赤いぼうし
三歳児（すずめ組）ピンクのぼうし
四歳児（ひばり組）ブルーのぼうし
五歳児（はと　組）緑のぼうし

と決めていて一年ごとに落ち着いた色にしていました。

二歳児は十二人、三歳児は十五人、四歳児、五歳児は二十五人ぐらいだったと思います。健太郎も康行もひよこ組からはと組まで四年間通いました。三つちがいでしたので、二人が一緒に行ったのは一年間でした。親の私は通して七年間通ったことになります。

花まつり、小石川植物園への春の遠足、みたままつり、川越への秋のいも掘り遠足、運動会、もちつき大会、発表会と年中行事も盛りだくさんでした。行事には親も参加することが多く、保育園といっても、幼稚園と変わらない位でした。幼稚園と違うのは、給食と昼寝があることでした。マハヤナ保育園に通う子の親は商店主や自営業の人が多く、四時という早い退園時間も問題はなかったのですが、私にとっては、少し困ったのを覚えています。

健二さんは、子供を保育園に行かせるのは反対でした。小さい時、保育園に行かされるのがいやで、お母さんが送って家に帰ってくると、先廻りをして家に帰ってきていて、困ったお母さんがもう一度保育園に送ってきたりしていたと、隣りの指出《さしで》さんのおばあちゃんが話していました。

そんな話をマハヤナ保育園の野澤久子《のざわひさこ》園長先生にしたら、

「昔と今では、裸電球とシャンデリア以上の違いがあります。今度一度お父さんも園に来て下さい。それにお父さんはここの卒園児さんなので親子二代ですから」と言ってくれて創立六十周年のお祝いにも招いてくださったりしましたので、仕方なく認めてくれることになりました。

「這えば立て、立てば歩めの親心」、スクスク成長する子供の日常は忙しいですが、楽しく張りがありました。保育園の行事は童心に返り、一緒に楽しみました。

妻か？　母か？　嫁か？

昭和五十二年から、昭和五十四年まではこと細かに書いていたら前に進めませんので年譜式にします。

昭和五十二年
　春分の日　墓参り
　　墓石建立を決める
十一月　舅重文、巣鴨病院入院手術
十二月　墓供養

昭和五十三年
正月　舅重文　一時退院

二月十四日　二男　康行誕生
五月　舅重文　癌研病院入院
　　　退院後　自宅療養（片マヒ）
八月　舅重文　養育院病院入院
九月　家をとりこわし整地
十月二六日　舅重文逝去、葬式於法浄寺
十月二七日　家建築確認おりる
十二月　故重文　四十九日法事
　　　香典返し　手配

昭和五十四年
一月　家　着工
　　　家　完成　引越し
十月一四日　故重文　一周忌法事

昭和五十二年秋から、昭和五十四年秋までの二年間に墓石を立て、舅の入院（三回）につき添い、自宅療養の看病、二男の出産、舅の葬式、家建て、法事と人生の大きな出来事を、たて続けに乗り越えました。

八月の暑い時、三歳の健太郎が看病している私に「お母さんが一番大事なのはおじいちゃん、二番目がやすゆき、ぼくは三番」といいました。この時の私は疲労でごはんがのどを通らず、体には帯状疱疹が出来ていました。

十月二六日、舅重文の葬式の時には、子供の世話をしながら準備で飛び廻っている私のところに重子義姉が針と糸を借りにきました。「喪服の半衿ぐらい自宅でつけてほしいな」と内心思いました。すぐ後に光恵義姉も帯板を借りに来ました。バタバタ飛び廻っている私を見て、姪の貴美子さんは「お嫁さんは大変ね」といいました。

舅重文に死ぬ前に見せてあげたいという気持ちで始まった家建てでしたが、設計図を見せただけになったことが心残りです。資金住宅金融公庫と㈱ヤナセの持家制度からの融資で計画していましたが土地は重文名義でしたので、相続が完了しないことには融資ができないと言われました。

舅重文は、姑キヨの世話をしてくれるのだから、健二が継いで良いと書き置きましたが、義兄の重一が納得せず、結果は、頭金と運転資金にと貯めていた、二百五十万円を渡してやっとはんこをもらいました。家は新しくなったものの姑キヨをかかえ、更に借金丸がかえで手許には、その日の生活費しか残っていませんでした。健二さんはこの時から実兄重一さんとは縁切れになりました。私は独身時代に貯めたお金や九州大分の父が祝いに送ってくれたお金五十万円も含まれていましたので、この家は自分の家で、土地の一部は買い取ったものと思いました。お金は四十九日の法事の席で皆の目の前で渡しました。普通若い者が、家を建てようとすれば、親自身が自分の住む分ぐらいは負担するし、兄弟ともなれば祝いの一つも贈り、こんど自分がその時期がきたら助けてもらったりと、お互い協力しあうものと考えていましたが全く逆で、むしり取って行っただけでした。こんなことでは先が思いやられ、お金を渡す時にしっかり領収証を書いてもらいました。弘子義姉が「何もそこまでしなくても」と口をはさみましたが、サラリーマンの薄給で二百五十万円は大金すぎたので、書かない限りは他の場所に建て売り住宅でも買った方がいい、そうすれば親の世話もなくなるので、その方がいいと引き下がりませんでした。その後間もなく重一義兄は、かぶと虫（ワーゲン）を買いつき合っている人と、ハワイで結婚式を挙げ、長男（光一君）に恵まれましたが、あっという間に離婚しました。重子義姉に住所を教えてもらい三回忌の法事の手紙を出しても、なしのつぶてで返事はなく、そのまま会うこともありませんでした。

舅の重文さんとは昭和四十九年一月から、昭和五十三年十月まで四年十ヵ月同じ屋根の下で暮らしたことになります。古い家の二階に住んでいた時、普通に家賃も払っていましたし、電気、ガス、水道代もきちんと払っていたので遠慮することは何もなかったはずなのに、健二さんが長男でないということで、なんとなく遠慮だったのは、不思議でした。

もう一つ不思議なことは、舅姑は毎月家で天理教の祭りをしていましたが、兄弟のだれ一人、天理教で葬式をするとは言わなかったことです。

つくづく変な家に来てしまったと思ったものです。

家を建てる間臨時に借りていた家から、マハヤナ保育園まで、ヤマハの原動機付バイク「パッソル」で三人乗りで裏道を通りながら通いました。康行はおぶいひもでおんぶして、健太郎は両足を揃えて、前のステップに立たせ、私は両足を広げてまたがり両足裏で道路面をこするように進みます。幸い人通りも少なく、短い道のりでしたので、交番もなく、

叱られるようなことはありませんでした。

健太郎と康行は前と後でキャッキャッと喜んでいました。健太郎を保育園に預けたら次は康行を池袋の乳児室まで預けに行き、体温を計って預けたら、次は第一生命・巣鴨中央支部へ出勤します。地区の顧客廻りをしたら家に戻り、カバンを持って養育院病院に舅の重文さんを見舞いに行き洗濯物を持って家に帰ります。今度は逆コースで支部へ戻り報告をし、乳児室で康行を迎え、マハヤナ保育園で健太郎を迎えて戻ります。重文おじいちゃんの亡くなる直前の一番忙しい時は、こんな具合でした。「パッソル」は三年でつぶれました。

健二さんは良く働きました。新婚当時のように目は血走ってはいなかったと思いますが、朝家を出たがさいご帰りは、全く見当がつかない人でした。家を建てることになっても同じで、結局借入手続きに銀行へ行ったり、役所へ行ったりは私の仕事になってしまいましたので、いちいち帳面をつけたりする時間はありませんでした。仕事関係（第一生命）、家の関係、法事（寺）関係、保育園関係と分けてショルダーバックに入れていましたので久寿米木工務店の久寿米木一正《くすめぎかずまさ》さんが、

「末子さんのカバンのどこに何が入っているか、全部わかった」といったくらいでした。

家は住宅金融公庫から五百万円、㈱ヤナセの社員持家制度から四百五十万円を借りて、自己資金を足し、個人からは一円も借りずに建てました。久寿米木さんは私の母方の遠い親せきに当る人でしっかりしていました。

私は久寿米木さんに「九州の実家の父のように、道楽で建てる家とはちがうので、最高にかかっても九百万円まで」と頼みました。

久寿米木さんも心得てほぼ注文どおりにしてくれたのですが、約束より二ヵ月出来上りが遅れたので、その分こちらは家賃を予定より多く払ったので、家賃分として二十万円値切りしました。「末子さんには負けた」といって、負けてくれました。昭和五十四年のことです。私鉄沿線に雨上りの竹の子のように建売住宅が建った頃です。ニュース等でずさんな工事例もたくさん放送されていましたが、私の家は久寿米木さんが責任を持って建ててくれて、今だにしっかりしています。

住宅金融公庫に提出した健二さんの年収は支給総額三百三十五万一阡九百拾二円、控除後の支給額は三百二万一阡八百拾三円、五十三年八月の給料は二拾四万五拾円でした。私の稼ぎは鍋の中味でしたので、ここでの発表はしないことにします。

住宅金融公庫で25年均等払、固定金利5・05％でした。

子育て（伸び伸びと）

健太郎と康行は、東京都豊島区立西巣鴨小学校に入学しました。健太郎が四年生の時、康行は一年生でした。西巣鴨小学校も健二さんが通っていた学校でしたので、親子二代の学舎です。

小学校からは送り迎えはありませんので、康行が入学してからは急に時間が多くなったように思いました。学校は家の前の坂道をころげ落ちれば正門に当ります。私に言わせれば、家の中に学校があるようなものです。途中、大通りはありませんので、交通事故の心配もなく、保育園に四年も通っていましたので友達もいたのですが、やはり問題はありました。放課後の過ごし方に気を使わなければなりませんでした。私の小学校時代のように、校庭で自由に遊べなくなったからです。それで三年生までは学童保育がありましたのでお世話になりました。

健太郎と康行は元気の良い子で、名前のとおりだと心から喜んでいました。勉強の方もそこそこで、スポーツは何でも良く出来ましたので学校に行くのが楽しみでした。授業参観や発表会など、必ず行きましたが、運動会は特別楽しみでした。走るのが速く、リレーのアンカーなどで大活躍してくれました。

相澤の家も、実家の磯貝も、体の弱い人がいて苦労しましたので、頭はそこそこでも元気の良い子がいいと思っていましたので、申し分ありませんでした。どうかこのまま大きくなって下さいと思っていました。

一度、健二さんが「女の子ができたらいいね」と言ったことがありました。私もそうだといいなと思いましたが、残念ながら女の子は生まれませんでした。私は今のままで充分だと思っています。子供のいない人もいますので、二人もできて幸せです。

目いっぱいの親バカぶりを発揮しながら育てました。二年生の時は、池袋サンシャインビルの隣りにあった「毎日スイミングクラブ」まで送り迎えで通わせたり、上級生になってからは、学習塾に通わせたりしました。

子育て（親の力量）

自転車の前かごに、夕食の材料を近所にあるスーパー「コモディイイダ」で買って入れ、旧中山道から横道に入り、西巣鴨イーグルス（少年野球チーム）の前をすぎたところで、すっと脇道から出てきた女の人が、私の前に立ちはだかりました。

「相澤の親か」

「相澤ですけどなにか」

「大中（豊島区立大塚中学校）に行っている相澤で、三年でウラバンは息子か」と光る目をしたこわい顔で聞かれました。わけがわかりませんでしたので、自転車を道のはしに止めて話をききました。そのお母さんの子供は、大塚中学校の一年生でした。「二年生がうちの子にソウバンのいいつけだからお金を持ってくるようにといったんだよ」

「ソウバンて何ですか」と聞くと指で総番と書きました。学校で各学年の番長をまとめているのが総番で、その総番を締めているのが裏番《うらばん》だというのです。

二年生の総番が「相澤からの指示だから」といったところまでつきとめた。ほんとうだったら許さないからというのです。

「ご心配をかけてすみません。息子に良くきいてみますので少し待って下さい。良かったら今一緒に家に行きませんか」と答えたところ一緒に行くとは言いませんでした。

急いで家に帰り、夕食の支度もそこそこに、二階にかけ上り健太郎の部室をのぞいたら、ひっくり返ってマンガを読んでいましたので聞きましたら、「てめえ、自分の息子が信じられないのか」といいました。そして「だれがそういった」と尋ねるので、詳しく話したら、すぐ相手に電話をして、ふんふんと聞いていましたが「ばかやろう、おれはそんなことはいってないぞ、勝手に人の名前を語《かた》るんじゃねえ、わかったか」と先方に言っていました。それきりそのお母さんからは何もいってきませんでした。

しかし朝登校する時は、普通の制服を着ているのに、学校に着いた時は、制服のデザインが変っているのです。上着のボタンはなく胸のあたりまで開いていて、ズボンは制服と同じ生地ですがダボダボ（ボンタンと言っていました）でした。片方の肩を下げて歩いているのです。なげかわしい我子の姿です。皆に慕われるのはいいのですが、ときどき「違う」と思う話が舞い込みました。可愛いい我子も成長の段階で私を苦しめます。まるで力量を試されているようでした。ドンと腰を据えていようと思うのですが、なかなかそうはさせてもらえませんでした。結局とっくみ合いの末、健太郎にやっつけられました。我家の壁に拳大《こぶしだい》の穴があいたのも健太郎の中学生時代です。

小学校時代のいい子の健太郎はいったいどこに行ったのだろうと涙まじりになげく私に、「お母さんもう寝ろ」といって布団を敷いてくれたのは、マハヤナ保育園時代少々困り者の康行でした。それでも健太郎も康行も人の道にはずれた事は、するはずはないと信じていました。

この頃の私はＰＴＡの役員の口が開くのがこわかったです。

健太郎も康行も中学校卒業後は、東京都立城北高校へ進学しました。私立マハヤナ保育園、豊島区立西巣鴨小学校、豊島区立大塚中学校、そして東京都立城北高校と全く同じ道を歩きました。兄弟の進路が違ったのは高校卒業後のことです。

都立城北高校では、サッカー部の中村智洋先生に一方ならぬご指導をいただきました。健太郎と康行のスポーツ歴を紹介しましょう。

「毎日スイミングクラブ」水泳　小学二年生（健太郎・康行）
「西巣鴨イーグルス」少年野球　小学三年生〜六年生（健太郎・康行）
「西巣鴨小学校サッカー部」小学五年生〜六年生（健太郎）
「大塚中学校サッカー部」東京都代表（健太郎）
「城北高校サッカー部」東京都ベスト8（健太郎）
「城北高校サッカー部」東京都ベスト4（康行）

となります。特に城北高校サッカー部では活躍しました。健太郎がサッカー部に入ったのは、同級生とけんかをしたつらい出来事がきっかけでしたが、中村智洋先生をはじめチームメイトに恵まれて、最後は東京都ベスト8にくい込むまでになりました。この時は部員も十二人しかおらず、先生の言葉をお借りすると「ここまでくるのに一度も負けられない」ということでした。ハットトリックをしたとか、シュートが決まったとかいっていましたが、何のことか分かりませんでした。私は仕事が結構忙しくなってきていて、スケジュールの空いた休日にビデオをかついでいくのが精いっぱいでした。

父母会には良く顔を出したように思います。城北高校サッカー部の父母会で私は「吉永小百合」と呼ばれていました。健太郎の入部のきっかけがきっかけだったため、集まりには極力顔を出すよう努め、資金はいわれるままに出しました（しゃくにさわるのをかくして）。父母会の最初の飲み会の時の自己紹介で、「吉永小百合です」といいました。今でも親しみを込めて「小百合さん」と呼んでくれる人もいます。

康行は健太郎と入れ違いの入学でした。兄健太郎の試合を見に来ていた康行に城北高校に入学するよう勧めたのは中村先生でした。康行は城北高校なら、部員数も少ないし選手のレベルもそう高くない、おまけに兄が活躍したのだから自分も頑張れば「レギュラー」に名を連ねられると踏んだようでした。偏差値は高かったのに、自分から城北高校を志願しました。サッカーのレギュラーに関する限り、これは大きな誤算でした。前年度ベスト8までくい込んだということと、バブルがはじけた後でしたので、経済的理由から都立高校へ変更したサッカー少年がどっと入部して部員数が一挙に六十名を越えてしまったのです。兄の時は「赤き血のイレブン（甲子園S50年頃の池田高校）」ならず、「赤き血の十二人」

でしたが、四月入学当時は「二軍」までできてしまいました。

「小百合さん」と中村先生が声をかけました。

「はい」と答えた私

「六十人もいると僕がいちいち部費を集めたり、電話をかけたりできないんです。何とかお手伝いしてもらえませんでしょうか」というので、先生に近くの銀行から渉外の人を呼んで「城北高校サッカー部父母会」の名義で口座を作り各人より振込みにするシステムにすること、安全管理と記録を正確にするため現金を持ってきても受取らないこと、女子のマネージャーを置き管理させることの三つを提案しました。そのため、中村先生は監督に専念できるようになりました。

　康行はなかなかレギュラーを取れず意気消沈したのか、だらだらしたり、練習に遅刻したりしました。中村先生も親に父母会の手伝い（役員）をさせたり、自分が声をかけて入学させたりしたのでつらいものがあったはずです。康行本人も私の反対を押し切って入学したものですから、やめるわけにもいかず、他の生徒とのしめし（遅刻を三回すると退部）もあって、在学中に実に三回も坊主頭になりました。朝シャン時代のぼうず頭は、高校生にとって勇気というより度胸のいることでしたが、これに耐え抜いて、最後はレギュラーを取り、国立西ヶ丘サッカー場でプレーできました。この時は東京都ベスト4にくい込むことができました。兄弟でベスト8、ベスト4になり共にレギュラーで活躍できたので、父母会の友人に「おいしい親だ」といわれました。

兄健太郎は城北高校を卒業後、日体柔整専門学校で学び、平成8年に柔道整復士になりました。将来の夢は接骨院の開業です。

弟康行は、学校の推薦で「城西大学、経済学部」へ進学し、平成十二年三月卒業し、株式会社東洋レコーディングに営業職として就職させていただきました。三月二十八日に会社に初出社する後姿を見送った時、親としての責任を果たした安堵からか、がっくりきました。

そうそう。

健太郎は平成十一年三月二十七日に「鎌田絵里子《かまたえりこ》」さん（昭和五十年三月二十七日生、東京都板橋区出身）と結婚し別世帯を作り独立しました。中村智洋先生ご夫妻に仲人をお願いしました。先生ご夫妻には「優《ゆう》」ちゃんというお嬢さんがいました。優ちゃんのゲストドレスは私が楽しみながら作りました。デザイン、縫製も全て私の手作りです。とても気に入っていただきました。

一人で育てたとは申しませんが、健太郎が高校二年生の時の十一月二十三日に、健二さんが突然、家出をしました。何も持たず朝会社へ行ったまま、四年間戻ってきませんでした。私は二人の息子と姑の世話と仕事が忙しく、身勝手に少々腹を立てていましたので、一度もさがしたり、住所が分かってからも、たずねていったりはしませんでした。そろそろ四年が過ぎようとした九月十二日に、健太郎に連れられて、何も持たず身一つで帰ってきました。

今の私

平成十一年三月二十七日に、長男健太郎が結婚と同時に独立しましたが、平成十二年三月には二男康行も大学を卒業し超氷河期と言われた中で何とか無事就職しました。この頃では背広姿も様《さま》になってきました。二日程前には会社へ提出する年末調整の用紙を持って帰り「どう書けばいいんだ」と聞いてきました。サラリーマンらしくなったなあと感じました。

そんな中で私は平成十二年十月三十一日に救急車で山口病院に入院しました。朝起きぬけに頭が割れるように痛み、はきけと目まいとさむけがしました。前夜も睡眠は充分に取ったはずなのにと思い、目をぱちぱちさせてみましたが、痛みはひどくなるばかりでした。どうにも様子がおかしいので、出勤前の康行に話をしたら「病院に連れて行く」といってくれました。日頃鼻かぜぐらいで元気だけがとりえの自分にはかかりつけの病院がありませんでしたので、運を天にまかせ救急車を呼びました。近くに都立大塚病院があり、設備も充実していますが、今は余程の重病でもない限り、紹介がなければ見てもらえません。着救急隊員は、私の様子を見て近くの山口病院で受入体制があったためそうなりました。着くなりすぐに点滴を受けCT室へ運び込まれ検査をしてもらいました。そのまま一階の処置室のベットに寝かされました。さむけが止まらないので「寒い」といいましたら看護婦さんが上掛けを掛けてくれましたので安心し、そのまま眠ってしまいました。午後三時頃目がさめました。午前九時半頃救急の検査は終ったはずですので、六時間位眠っていたことになります。主治医の山口先生の診断は「眩暈症《げんうんしょう》」ということでした。少し休養をとった方がいいということで、そのまま入院することになり三〇九号室（個室）に移されました。ベットに落ち着く間もなく、夕食の膳が運ばれてきました。噛む必要のない食事でした。検温と検査の時以外はずっと眠っていました。十一月一日、二日は平日でしたが、次は三日、四日、五日と三連休で病院の方ものんびりしていました。頭痛とめまいと寒気は良くなりましたが、「耳鳴り」だけはやみませんでした。

ＣＴの検査結果では、脳の中はきれいなので大丈夫と思うが耳鳴りが続いていましたのでメニエール病の疑いがあるのとのことでした。念のため、脳外科と耳鼻科の再検査を都立大塚病院で受けるようアドバイスがありました。この機会に受けてみることにし、十一月六日に山口病院から大塚病院へタクシーで行きました。病院の紹介状とＣＴのフィルムを持って行ったのですが、結局は受付だけで当日はＭＲの検査はできませんでした。脳外科の先生の触診では「大丈夫でしょう」との診断でした。ＭＲの予約を十三日にして、山口病院に戻りましたが、もう何も検査をすることもなかったし、家の方が気になりましたので、先生にお願いして退院させていただきました。退院してしばらく自宅で休養することにしました。仕事の方も気になりましたが、この機会に思い切って休養することにしました。十一月十三日のＭＲの検査結果が何もなければそれでいいし、あればあったで治療すれば良いのだからと、気楽に考えることにしました。何もしないでひたすら眠ることにしました。

十三日、予定通りに検査をしました。翌日の医師の診断で「右の脳の内頸動脈瘤の可能性」

があるということでした。ＭＲの写真で、ごくわずかな見落としてしまいそうな小さなもので、これ以上の検査は、大ももからカテーテルを脳まで入れて、造影剤を入れてカメラで見るもので、千人に一人ぐらい造影剤の副作用が出る人がいるということ、病院に一泊すること、家族の付き添いがいるということでした。

何でもない結果を予測していた私はショックでした。すぐには検査を受ける決心がつきませんでしたので、他の方法はないかたずねた私に、医師は、痛みをとる薬、気持ちを安定させる薬、胃の薬の三種類を処方し、二週間分出してくれました。

十一月十五日は大正大学オープンカレッジ「自分史を書こう」の七回目の講義の日で、出席した私に、岩田老師は笑いながら「自分史の原稿を書きすぎたのが原因ではないか」といいました。ことしは何をするにも力が入らず、空廻りが多かったのですが、自分史を受講できたのは大きな収穫でした。

自分史を書くにあたって、資料となる昔の謄本や、通知表を出してみたり、故郷の事を調べるのに国会図書館に行ったり、製本準備の下調べのために新宿の画材店「世界堂」に行ったりして、新しい分野に親しむことができたからです。一番感動したのは、岩田老師の著書「相沢治索陸軍伍長の二・二六事件」です。客観的に書くことで自然に主義主張が浮かび上るということです。自分史は、自分の歩いてきた道のりを淡々と具体的に書いていくだけで良いのだと気付かせていただきました。その結果として読む人が「私」という人をどんな人だったかを理解するのです。日記と違うのは読む人がいることです。そのために文章は、一定のルールのもとにきちんと書くということが大切だということも教わりました。

今私は五十三歳です。人生五十年と言われた時代なら立派な年寄りですが、平均寿命が男七七歳、女八四歳となった現在ではまだ若年のようです。定年は六五歳ですので、それまでは仕事一筋に精勤し、その後再度、自分史に挑戦したいと思っています。今回は十回の講座中にまとめたいと考えましたので、「かけ足」となりましたが、喜びは一しおです。そんなわけで脳の検査はこの自分史が完成した後に受けようと心に決めました。

二週間ぶりに出社した私は目の廻る忙しさでした。バブル崩壊後、証券会社、銀行、保険会社が倒産する事態が日常となった今、業界は向い風、季節は北風の中病みあがりではありますが、それなりに飛びはねています。

未だ見ぬ孫へのメッセージ

長男健太郎と二男康行の二人の子供に恵まれ、今日まで大過なく過ごしてこられた私は、大変幸せでした。親せきや、兄弟、友人、知人に恵まれ、困ったことが起きた時も身近に知恵を貸してくださる方が大勢いました。ほんとうに感謝しています。これから先も幸せに暮せるよう充分気くばりをして過ごしたいと思います。

九月十五日にうれしいニュースが飛び込んできました。昨年結婚した長男夫婦に子供ができたという知らせです。誕生の予定は来年（平成十三年）五月とのことです。無事誕生すれば初孫ということになります。孫は子供より可愛いいと聞きます。今からわくわくしています。できれば女の子がいいと心の中で勝手に望んでいます。十月八日に東京ドームホテルでお祝いの食事会をしました。

須永裕子《すながゆうこ》さん（絵里子ちゃんのお母さん）、健太郎、絵里子さん、康行、健二さん、私の六人の内々のお祝いでした。健二さんがまだ生まれたわけではないので気が早いのではないかというのですが、私は楽しいことが大好きなので、生まれた時は盛大にすればいいし喜びの気持ちは早く伝えた方が良いからといって、皆で会うことにしました。この日は健太郎の満二六歳の誕生日でもありました。私達夫婦は女の子は恵まれませんでしたが、絵里子さんは気だての良い美しい女性で、健太郎より可愛いい位で念願の娘を授かった思いです。

健二さんは長男健太郎を結婚式の日、はじめてほめてあげました。私は肩の荷をおろした思いがしました。二男康行も良い人と一緒になれるような気がしています。

未だ見ぬ孫へのメッセージは次の通りです。

一、体を大切にすること

一、両親・家族を大切にすること
一、友達を大切にすること
一、物も大切にすること
一、うそをつかないこと

勉強は程々でいい、自然の中で伸び伸び育ってほしいと思います。東京は人も物もあふれていて便利で何でも手に入りますが、ほんとうの生きる力は不便の中で培われるような気がします。目がきらきらと輝いている、そういう人になってほしいと思います。

平成十二年（二〇〇〇年）十二月二十日

相澤末子（五三歳）

【私のあゆみ】

昭和22年　　　　1月11日（土）誕生（磯貝家五女。父 岩蔵・母 りき）
28年（6歳）小野市小学校入学
32年（11歳）重岡小学校へ転校（5年生時に転居）
34年（12歳）重岡中学校入学
37年（15歳）佐伯農業高校入学（昼間定時制）
41年（19歳）円満屋入社（巣鴨）
　　　　三和金属工業株式会社入社
44年（22歳）2月15日母 りき他界
　　　　まるえす港運送株式会社入社
　　　　栄興業入社
47年（25歳）1月30日健二さんと結婚
　　　　足立区伊興町見通りのアパートにて新居を構える
49年（27歳）まるえす港運送株式会社退社

1月から舅 重文さんと同居
10月8日（火） 長男 健太郎誕生

50年（28歳） 長兄 智貞さん他界

51年（29歳） 10月5日第一生命保険株式会社に入社
保険外交員として勤務

52年（30歳） 健太郎、マハヤナ保育園に入園（4年間）

53年（31歳） 2月4日（土） 二男 康行誕生
10月26日舅 重文さん他界

54年（32歳） 自宅完成（久寿米木正弘さんによる建設）

55年（33歳） 康行、マハヤナ保育園に入園（4年間）

56年（34歳） 健太郎、西巣鴨小学校に入学

59年（37歳） 康行、西巣鴨小学校に入学

62年（40歳） 健太郎、大塚中学校に入学

平成2年（43歳） 康行、大塚中学校に入学

4年（45歳）　健太郎、城北高校に入学
　　　　　　健太郎、城北高校サッカー部レギュラーとして活躍
　　　　　　東京都ベスト8入賞（写真巻末）
5年（46歳）　康行、城北高校に入学
　　　　　　健太郎、日体柔整専門学校入学
7年（48歳）　康行、城北高校サッカー部レギュラーとして活躍
　　　　　　東京都ベスト4入賞（写真巻末）
8年（49歳）　健太郎、日体柔整専門学校卒業、柔道整復師になる
　　　　　　康行、城西大学経済学部に入学
11年（52歳）　3月27日健太郎、鎌田絵里子さんと結婚
12年（53歳）　康行、城西大学経済学部を卒業、株式会社東洋レコーディングに入社
　　　　　　末子、大正大学オープンカレッジにて「自分史を書こう」を受講
　　　　　　9月15日絵里子さん懐妊、出産予定日は平成13年5月
　　　　　　10月 眩暈症を患い、入院

渡航先リスト

西暦	和暦	渡航先	備考
1972	昭和47年	ハワイ	新婚旅行
1988	昭和63年	グアム	家族で
1992	平成4年	ドイツ(ロマンティック街道)、スイス、パリ	
1993	平成5年	オーストラリア(シドニー)	組合有志
1994	平成6年	香港、マカオ	
		タイ(バンコク・アユタヤ)、シンガポール	松木さんと
1996	平成8年	ニュージーランド(クライストチャーチ)	スポーツフェスタ
1997	平成9年	台湾(台北・台中・日月潭・高雄)	
1999	平成11年	アメリカ(ニューヨーク・ワシントン)、カナダ(ナイアガラ滝)	
2002	平成14年	トルコ(イスタンブール・カッパドキア)	
		イタリア(ヴェニス・フィレンツェ・ローマ・ナポリ・ポンペイ・シーナ)	
2004	平成16年	中国(大連・旅順・瀋陽)	
		中国(上海・蘇州・杭州・烏鎮・無錫)	
2005	平成17年	中国(北京5日間)	
2007	平成19年	ロシア(モスクワ・サンクトペテルブルク)	
2008	平成20年	韓国(ソウル・釜山)	
		マレーシア	
2009	平成21年	トルコ	
		中国(桂林・漓江下り・陽朔)	健二さんと
2010	平成22年	中国(上海・蘇州・無錫・鎮江・揚州・錦渓)	
2011	平成23年	中国(福建省周辺 厦門、永定、福州)	
2013	平成25年	ベトナム(フォーチミン・ホイアン・ハノイ)	
		地中海、アドリア海クルーズ(コスタ)	
2014	平成26年	インド(ニューデリー・カジュラーホー・ガンジス川)	
2015	平成27年	スペイン、モロッコ、マディラ島とカナリア諸島クルーズ(ノルウェー	
		台湾(ぐるり周遊5日間)	
2016	平成28年	ポルトガル(ポルト)	
		カンボジア(アンコールワット)	
		アドリア海、エーゲ海クルーズ(MSCシンフォニア)	
2017	平成29年	ロシア(ウラジオストク)、韓国(釜山他)、日本海クルーズ(コスタ)	
		イギリス(ロンドン・ボーンマス)	短期語学留学
2019	令和元年	フランス(モンサンミッシェル・ロワール地方城めぐり、パリ)	
		来秋の美しき南洋9日間クルーズ(ダイヤモンドプリンセス)	

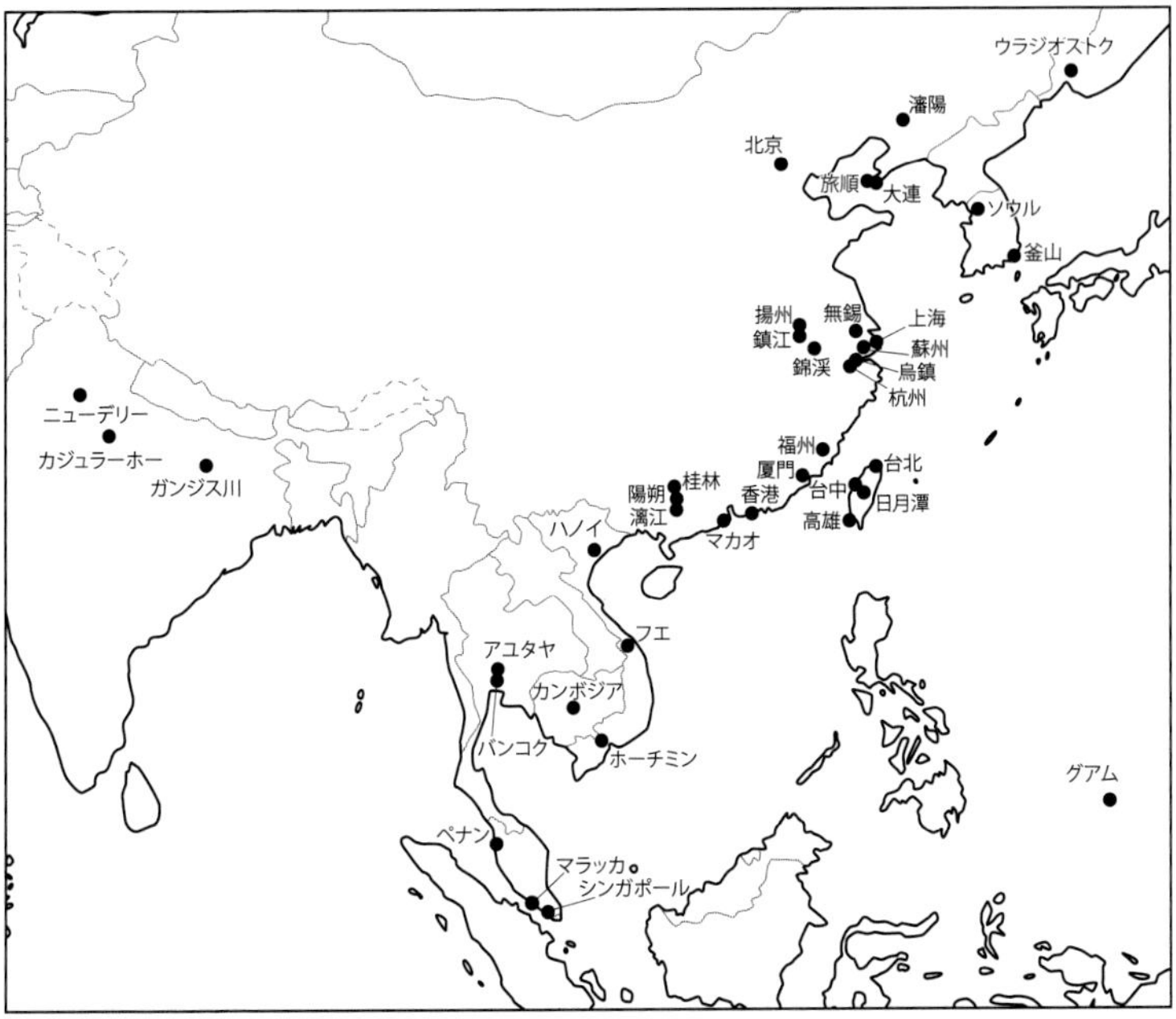
ウラジオストク
瀋陽
北京
旅順
大連
ソウル
釜山
揚州
無錫
上海
鎮江
蘇州
錦渓
烏鎮
杭州
ニューデリー
カジュラーホー
ガンジス川
福州
台北
桂林
厦門
陽朔
香港
台中
日月潭
漓江
高雄
ハノイ
マカオ
フエ
アユタヤ
カンボジア
バンコク
ホーチミン
グアム
ペナン
マラッカ
シンガポール

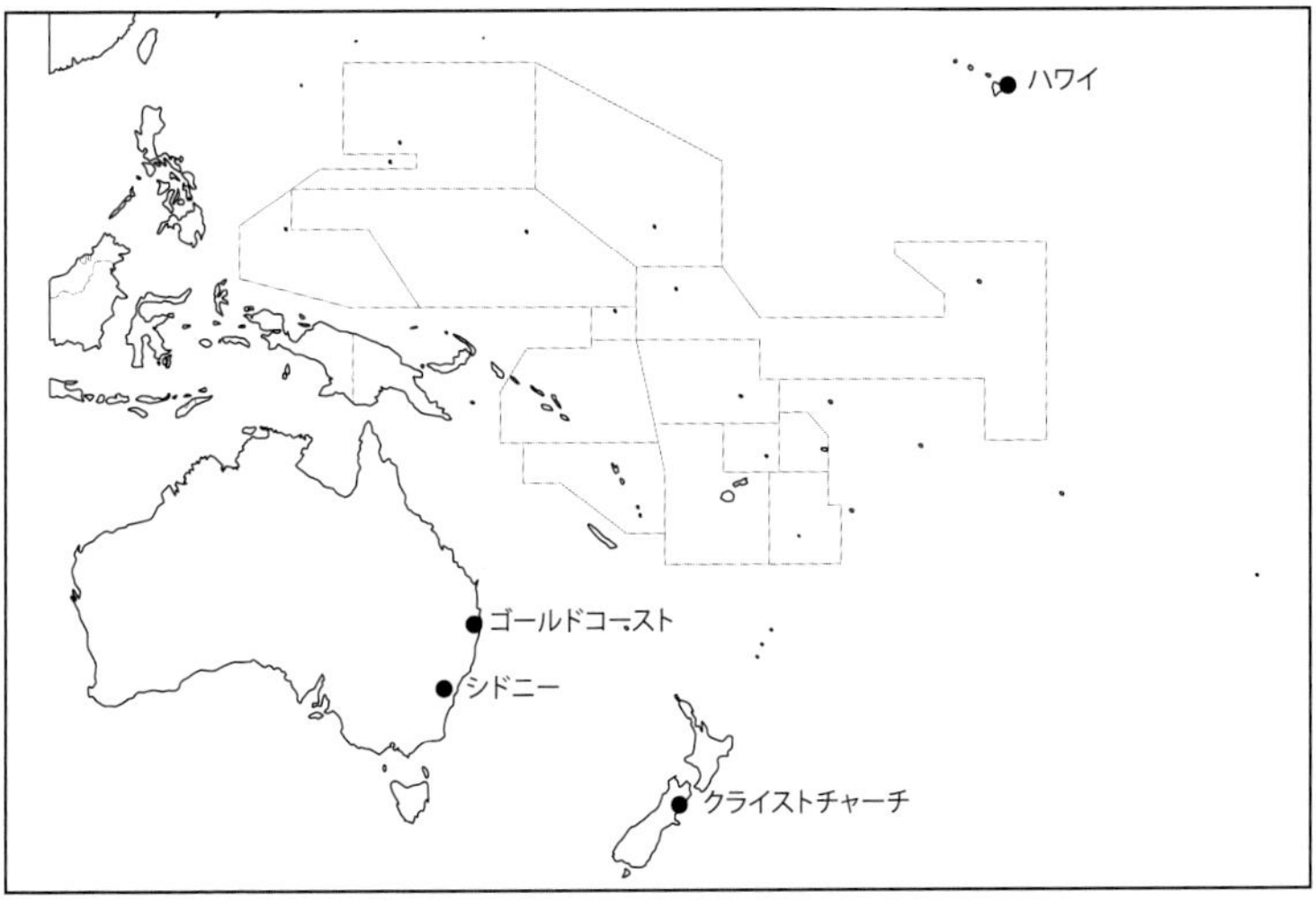
ハワイ
ゴールドコースト
シドニー
クライストチャーチ

サンクトペテルブルク
(レニングラード)
モスクワ
ロンドン
ボーンマス
モン・サン・ミシェル
(ロワール地方)
パリ
ドイツ
スイス
ヴェニス
フィレンツェ
シーナ
イスタンブール
コスタ
ポルト
スペイン
ナポリ
ローマ
ポンペイ
カッパドキア
モロッコ

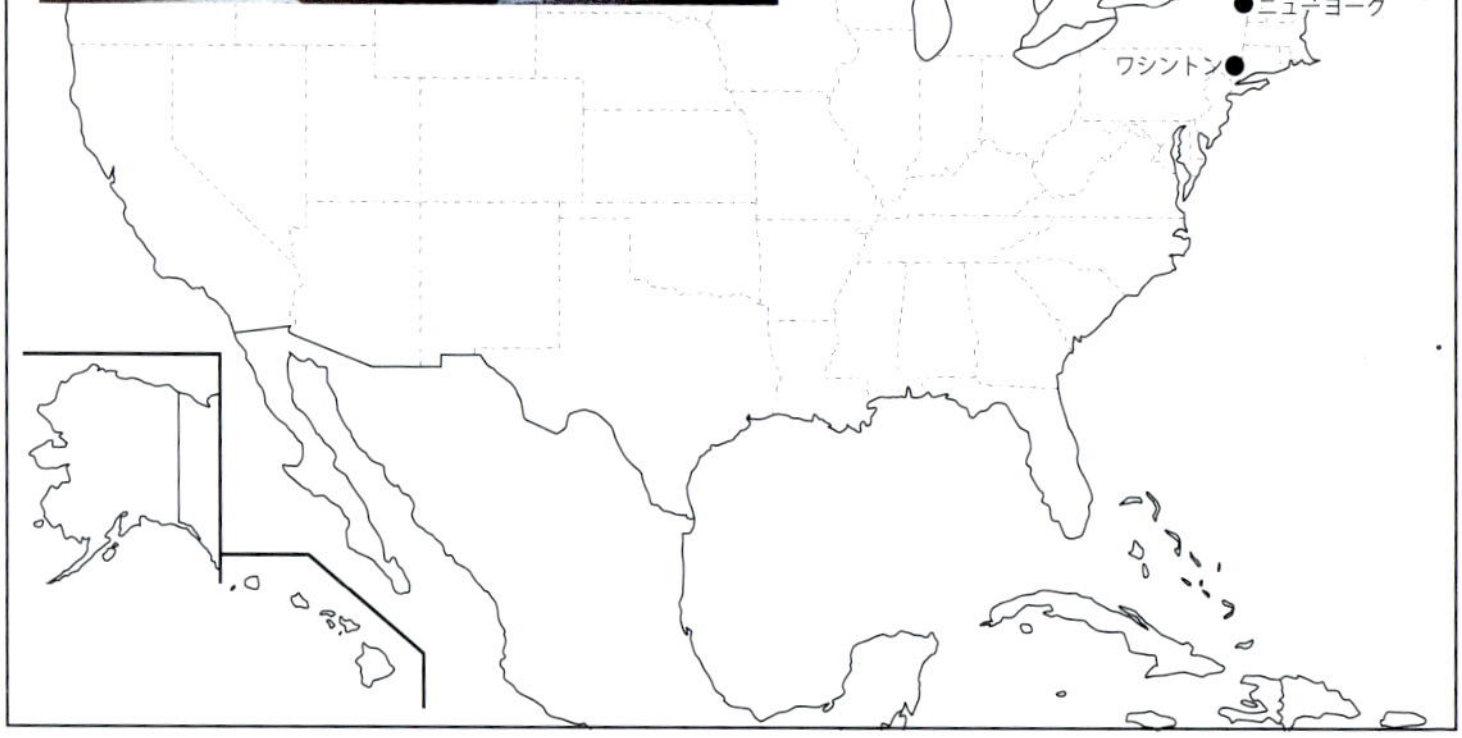
ナイアガラの滝
ニューヨーク
ワシントン

健太郎と康行の想い出

西巣鴨小学校時代の健太郎（右）と康行（左）

健太郎の勇姿

城北高校　東京都８強入り（平成４年）

康行の勇姿

城北高校　東京都４強入り（平成７年）

夫・健二さんの作品（能面）

［著者］
末広未来（すえひろ・みき）
本名 **相澤末子**（あいざわ・すえこ）

昭和２２年１月、磯貝岩蔵・りきの五女として大分県大野郡小野市村（現・佐伯市）に生まれる。村立小野市小学校、宇目村立重岡小学校（転校）、宇目町立重岡中学校、県立佐伯農業高等学校（現・佐伯鶴岡高等学校）を経て昭和４１年に上京、円満屋に入社。

昭和４７年１月、２５歳の時に健二氏と結婚。昭和４９年に長男、昭和５３年に次男誕生。

子育て中の昭和５１年に第一生命保険に入社し保険外交員として勤務した。

長男の健太郎氏は日体柔整専門学校（現・日本体育大学医療専門学校）を卒業後、柔道整復師として従事。二男の康行氏は城西大学経済学部を卒業後、東洋レコーディングに入社。

平成１２年に大正大学オープンカレッジにて「自分史を書こう」を受講、本書出版のもととなった。出版時７７歳。

【自伝】縁ありき

2024年5月27日　初版発行

著　者　末広未来
発行者　奥本達哉
発　行　アスカ・エフ・プロダクツ
発　売　明日香出版社
〒112-0005 東京都文京区水道2-11-5
電話 03-5395-7650（代表）
https://www.asuka-g.co.jp
デザイン　太田公士
イラスト　たそのみい
編集・組版　夢玄工房
印刷・製本　中央精版印刷株式会社

ISBN978-4-7569-2348-6